はじめに

中高生のみなさんへ

性教育とは、自分の人生を自分でつくるために必要な知識・態度・スキルを学ぶための学問です。

自分を知り、自分を大好きになること。人との違いを認め合うこと。性に関するいろいろな選択肢を知り、自分の人生をつかみ取ること。自分を大切にすることと同じくらい、誰かを大切にできること。

みなさんがそんな気持ちをもっている社会なら、居心地がよいと思いませんか。

居心地よく過ごすためには、みなさんが共通のルールを理解することや、さらに一歩進んで、「人は一人ひとり違うんだ」という共通の認識をもつことが必要です。いろいろな家族がいて、いろいろな生活環境があります。大事にしていることはもしかしたら一人ひとり違うかもしれません。共通のルールを守りながら、互いの違いを認め合うことは、簡単なことではないかもしれません。

性教育においては、正解を覚えるだけではなく、ほかの人がどんなことを考えているのかを共有しながら、学ぶことが大切です。一人ひとりが自分の考えを大事にできることが、自分の人生をつかみ取ることにつながります。性教育を学ぶことは、とってもヘルシーなことです。性教育を学ぶことで、一人ひとりがハッピーな未来をつかみとることを祈っています。

高橋幸子

教員・保護者のみなさんへ

「性教育」というと、性に関するからだの発達、妊娠と出産、性感染症などのテーマを思い浮かべることが多いかもしれませんが、ユネスコなどがつくった『国際セクシュアリティ教育ガイダンス』では、以下の8つの性教育学習領域を提起しています。

> ①人間関係 ②価値観、人権、文化、セクシュアリティ ③ジェンダーの理解 ④暴力と安全確保 ⑤健康とウェルビーイング（幸福）のためのスキル ⑥人間のからだと発達 ⑦セクシュアリティと性的行動 ⑧性と生殖に関する健康

このように包括的性教育の領域はとても広いものなのです。これらは、多くの中高生が直面する問題ですが、従来学校では学習されなかったものも数多くあります。

本書では、これらの内容をはじめて扱う先生方でも指導しやすいよう、各項目に「伝え方のポイント」というコーナーを設けました。それに続く解説とあわせて活用していただきたいと思います。

常にただ一つの「正解」があるとは限らない人間と性をめぐる諸問題を、生徒たちとともに考え深めてくだされば幸いです。

丸井淑美・水野哲夫

① 本書の特徴

　本書は、中学生・高校生向けに教員や保護者が性教育を行うためのワークブックです。性教育をはじめて扱う先生や、ご自身が性教育を受けた経験があまりない先生も、生徒と共に学び合えることを目的として構成しています。

　近年の情報化社会の発展に伴い、わたしたちは性に関する情報をいつでも簡単に入手できるようになりました。身近な大人から性について学ぶことは、中高生にとって性をより身近な、ポジティブなものとしてとらえるきっかけとなります。保健体育や道徳、特別活動、学級活動など、さまざまな活動を通じて活用していただくことを願っています。

② この巻で身につくこと

● 自分と他者のからだを大切にすること
● 「性の多様性」「ジェンダー」「セクシュアリティ」とは何か
● 「よりよい人間関係」とは何か
● 「暴力」とは何か、「性暴力」とは何か
● 「暴力」にはどのようなことが影響しているのか
● 「からだの権利」とは何か
● 「同意」とは何か、どんなときに同意が必要なのか
● 悩みがあるとき、被害に遭ったとき、どんなサポートがあるのか

※思春期のからだの発達や生殖に関しては、同時刊行の「からだの発達と生殖編」で取り上げます。あわせて学習することをおすすめします。

③ 本書の使い方

　本書は、授業等で使用する目的の場合には、繰り返しコピーして使うことができます。本書には中学生向け、高校生向け両方の内容が入っています。1冊通して学習することもできますし、生徒の発達段階、学校や地域の事情、授業に割くことのできる時間に応じて、先生が必要な部分のみを選択し、コピーして使用することもできます。

注意

本巻の3章には暴力に関する記述があります。生徒のなかに、つらかったり参加したくない生徒がいる場合には休んでも大丈夫との声かけを事前に行ってください。3章に限らず、暴力や性のことに触れて生徒がつらいと感じるときには休んでもいいと事前に伝えておいてください。

④ 本書の構成

本書は、1項目につき4ページで構成されています。

授業の導入としても使用できるクイズを掲載しています。

生徒に伝える際のポイントを示しています。

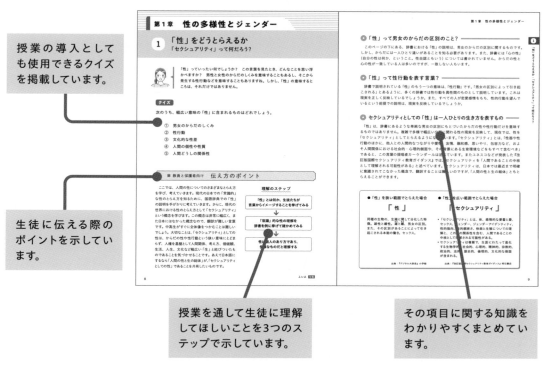

授業を通して生徒に理解してほしいことを3つのステップで示しています。

その項目に関する知識をわかりやすくまとめています。

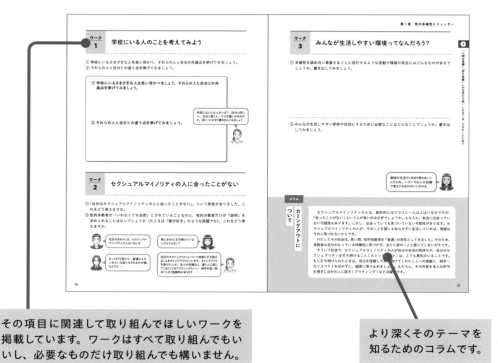

その項目に関連して取り組んでほしいワークを掲載しています。ワークはすべて取り組んでもいいし、必要なものだけ取り組んでも構いません。

より深くそのテーマを知るためのコラムです。

　性に関する学びのことを「性教育」と呼びます。ここで扱っている「性」の内容は、からだと心に関わること、友情・恋愛・人間関係のあり方に関わること、人権に関わること、よりよい生活や社会のあり方に関わることなど、とても幅広いものです。

　はじめて経験する学習内容が数多くあり、とまどうことがあるかもしれません。からだも心も発達する思春期のみなさんは、からだに関して、人間関係に関して、さまざまな悩みがある人もいると思います。正しい知識を身につけることで解決することもあります。

　科学的根拠にもとづいて、他者の意見や考えにも触れながら学ぶことは、必ずあなたがたの視野を広げてくれるでしょう。そして、視野の広がりは現実の問題解決のためにプラスとなる可能性があります。

　クラスのメンバーと先生をともに学ぶ仲間として、この本を活用して学んでいただけるとうれしいです。

気をつけること

1　クラスには、あなたと異なる経験や価値観をもつ人がいます。多様な考えや意見に触れて考え、視野を広げることはとても大切です。お互いの考えや発言を尊重しましょう。

2　「性」に関する学びでは、問いによって科学的に根拠にもとづく「正解」がある場合と、人によって考え方が多様であっていい場合とがあります。

3　グループワークでは、話したくないことを無理に話す必要はありません。授業への参加は、自分の話せる範囲、書ける範囲を考えて参加しましょう。

4　テーマによっては考えるのがつらくなることがあるかもしれません。その場合は、先生に伝え、一時退席して休んでください。

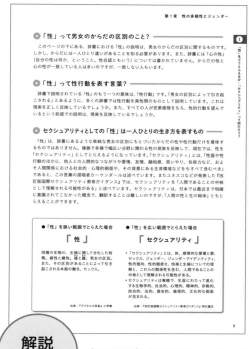

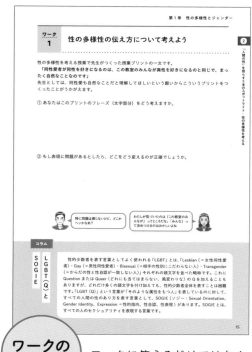

**解説
ページ**　今回取り扱う項目について、くわしく解説してあります。

**ワークの
ページ**　ワークに答えるだけではなく、思ったこと、感じたことを書き込んだり、話し合いのときにほかの人の発言を書き留めるメモとしても利用しましょう。さらにくわしく知りたいときには、コラムを参照しましょう。

この本でともに学ぶ仲間たち

ひろと　　さくら　　まこと　　ローリー　　たくみ

第1章　性の多様性とジェンダー

第2章　人間関係と性

第3章　からだの権利と安全の確保

1 「性」をどうとらえるか
「セクシュアリティ」って何だろう?

「性」っていったい何でしょうか?　この言葉を見たとき、どんなことを思い浮かべますか?　男性と女性のからだのしくみを意味することもあるし、そこから発生する性行動などを意味することもありますね。しかし、「性」の意味するところは、それだけではありません。

クイズ

次のうち、幅広い意味の「性」に含まれるものはどれでしょう。

① 男女のからだのしくみ

② 性行動

③ 文化的な性差

④ 人間の個性や性質

⑤ 人間どうしの関係性

■ 教員と保護者向け　伝え方のポイント

ここでは、人間の性についてのさまざまなとらえ方を学び、考えていきます。現代の日本での「常識的」な性のとらえ方を知るために、国語辞典での「性」の説明を手がかりに考えていきます。さらに、現代の世界における性のとらえ方として「セクシュアリティ」という概念を学びます。この概念は非常に幅広く、また日本にはなかった概念なので、翻訳が難しい言葉です。中高生がすぐに全体像をつかむことは難しいでしょう。大切なことは、「セクシュアリティ」としての性は、からだの性や性行動という狭い意味にとどまらず、人権を基盤として人間関係、考え方、価値観、生活、人生、文化など幅広い「生」と結びついたものであることを気づかせることです。あえて日本語にするなら「人間の性と生の総体」が、「セクシュアリティとしての性」であることを共有したいものです。

理解のステップ

「性」とは何か、生徒たちが
言葉からイメージすることを挙げてみる

「常識」的な性の理解を
辞書を例に挙げて確かめてみる

性は個人のあり方であり、
多様なものだと理解する

● 「性」って男女のからだの区別のこと？

　このページの下にある、辞書における「性」の説明は、男女のからだの区別に関するものです。しかし、からだには一人ひとり違いがあることを知る必要があります。また、辞書には「心の性」（自分の性は何か、ということ。性自認ともいう）については書かれていません。からだの性と心の性が一致している人は多いのですが、一致しない人もいます。

● 「性」って性行動を表す言葉？

　辞書で説明されている「性」のもう一つの意味は、「性行動」です。「男女の区別によって引き起こされる」とあるように、多くの辞書では性行動を異性間のものとして説明しています。これは現実を正しく反映しているでしょうか。また、すべての人が恋愛感情をもち、性的行動を望んでいるという前提での説明は、現実を反映しているでしょうか。

● セクシュアリティとしての「性」は一人ひとりの生き方を表すもの

　「性」は、辞書にあるような単純な男女の区別にもとづいたからだの性や性行動だけを意味するものではありません。複雑で多様で幅広い分野に関わる性の現実を反映して、現在では、性を「セクシュアリティ」としてとらえるようになっています。「セクシュアリティ」とは、「性器や性行動のほかに、他人との人間的なつながりや愛情、友情、融和感、思いやり、包容力など、およそ人間関係における社会的・心理的側面や、その背景にある生育環境などをもすべて含むべき」であると、この言葉の提唱者カーケンダールは述べています。またユネスコなどが発表した『改訂版国際セクシュアリティ教育ガイダンス』では、セクシュアリティを「人間であることの中核として理解される可能性がある」と述べています。セクシュアリティは、日本では最近まで明確に意識されてこなかった概念で、翻訳することは難しいのですが、「人間の性と生の総体」ともとらえることができます。

●「性」を狭い範囲でとらえた場合

「 性 」

同種の生物の、生殖に関して分化した特徴。雄性と雌性。雄と雌、男女の区別。また、その区別があることによって引き起こされる本能の働き。セックス。

出典：『デジタル大辞泉』小学館

●「性」を広い範囲でとらえた場合

「 セクシュアリティ 」

- 「セクシュアリティ」とは、体、感情的な愛着と愛、セックス、ジェンダー、ジェンダーアイデンティティ、性的指向、性的親密さ、快楽と生殖についての理解と、これらの関係性を含む、人間であることの中核として理解される可能性がある。
- セクシュアリティは複雑で、生涯にわたって進化する生物学的、社会的、心理的、精神的、宗教的、政治的、法的、歴史的、倫理的、文化的な側面が含まれる。

出典：『改訂版国際セクシュアリティ教育ガイダンス』明石書店

ワーク 1　「性」ってどんなことだと思う?

① 「性」という言葉から思い浮かぶことを考えてみましょう。
② 一人ひとり、自分のノートに書き出してみましょう。

> ### 「性」からイメージすること
> (例)
> ・男
> ・女
> ・人を好きになること

「性」って何か、
深く考えたことはありますか?

男とか女とか、性別の区別
のことじゃないの?

人を好きになって、そこからキス
をしたり。そんな性行動も「性」
に含まれているよね

思いついたことを何でも
書き出せばいいんだね

→ 「性」を狭い範囲でとらえていませんか?
　　「セクシュアリティ」としてとらえていますか?

気づいたことを書いてみよう

ワーク 2　「性」にまつわる事柄を分類してみよう

用意：一人で考えても、まわりの人たちと相談しあっても OK

① 下には、性に関するいろいろなことが 24 個書かれています。
② その内容を読んでみて、同じようなことについて述べているものを集め、A〜E の 5 つのグループに分けてみます。A グループ（1、○、○、……）、B グループ（2、○、○、……）のようにグループ分けを書いてみましょう。

> A には1が、B には2が、C には3が、D には4が、E には5が入ります。では6以下は、A〜E のどれに入るのでしょう。考えてみてください

1. 自分は男性と女性、両方の性であると思う。
2. 平均的な男性のからだの特徴をもつ。
3. 自分を性別にこだわらない存在として表現する。
4. 同性を愛する。
5. インドでは「男性・女性」のほかに「第3の性」を認める。
6. 自分は男性であると思う。
7. 「からだの性のさまざまな発達状態」(DSDs) のため、いろいろなからだの特徴をもつ男性がいる。
8. 異性を愛する。
9. 染色体の数や種類が平均的でない体の特徴をもつ男性や女性がいる。
10. 自分は女性かもしれないと思う。
11. 自分を主に男性、ときどき女性として表現する。
12. 自分は男性でも女性でもない性だと思う。
13. 平均的な女性のからだの特徴をもつ。
14. 自分は女性であると思う。
15. 誰に対しても恋愛感情をもたない。
16. 相手の性別にこだわらないで愛する。
17. 「からだの性のさまざまな発達状態」(DSDs) のためいろいろなからだの特徴をもつ女性がいる。
18. 自分を男性として表現する。服装、ヘアスタイル、話し方、その他。
19. 自分を主に女性、ときどき男性として表現する。
20. 日本をはじめ多くの国では「男・女」だけである
21. 自分をどの性でもない存在として表現する。
22. 自分を女性として表現する。
23. オーストラリアではパスポートに「X」という性別を記入できる。
24. 自分は男性かもしれないと思う。

> 6は A グループだと思うよ。だって「〜だと思う」が共通だから

> だったら7は B グループかな。「からだの特徴」という言葉が共通だから

> これは「性」をいろんな視点からとらえるワークです。この5つのグループに名前をつけるとしたら、A 性自認、B 生物学的な性、C 性表現、D 性的指向、E 法律的な性とすることができます。聞きなれない言葉だと思いますので、くわしくは次のページでみていきましょう

答え　A→1、6、10、12、14、24　B→2、7、9、13、17　C→3、11、18、19、21、22　D→4、8、15、16　E→5、20、23

2 「人間の性」を照らす5本のスポットライト
性の多様性を考える

前項で行ったワークでは、人間の性について書いてある24の内容を5つのグループに分けてみました。5つのグループは性に対する5つの見方、概念を示しています。それは、たとえていうと「人間の性」という大きなステージに5本のスポットライトで光を当てているようなものです。具体的にみていきましょう。

クイズ

次の記述は正確だといえるでしょうか。正確だと思ったら〇、不正確だと思ったら×をつけてください。

① 異性が好きな人は、相手が異性ならばどんな人でもいい。
② 同性が好きな人は、相手が同性ならばどんな人でもいい。
③ からだの性と異なる服装をしている人は同性愛者といえる。
④ 同性愛は人間だけのものであって、自然界の動物には存在しない。
⑤ 同性どうしの恋愛や結婚についての法律的な決まりは、全世界共通である。

■ 教員と保護者向け　伝え方のポイント

人間は多様であり、同じ人間は絶対にいません。すべての人が取り替えのきかない唯一の存在です。同じようにすべての人間の性も多様です。

ともすると、いわゆるLGBTQ学習が、性の多様性を学ぶこととイコールになってしまいがちですが、そうではなく、人間の性の多様性という現実をつくっているのはすべての人間なのだということを、生徒に実感的に理解してもらうことを目指します。

前項では、人間の性（セクシュアリティ）を「性自認」「生物学的な性」「性的指向」「性表現」、加えて「法律的な性」という5つの面からとらえました。ここでは、それぞれの面についての理解をより一層具体的に深めます。

理解のステップ

> 5つのとらえ方（5本のスポットライト）の一つひとつについてより具体的な解説にふれる。

↓

> 自分はどうなのかを考える
> （これは自分なりに考えればいいのであって、交流・共有する必要はありません）。

↓

> 人間の性の多様性とはどういうことかを考える。
> 「SOGIE（ソジー）」というとらえ方を知る。

答え ×① ×② ×③ ×④ ×⑤

● 「人間の性」の 5 つの面 （「人間の性」を照らす 5 本のスポットライト）

❶ 性自認

「自分はどのような性別である」あるいは「どのような性別ではない」という、持続する（一時的な思いつきではない）自己認識のこと。「心の性」といういい方をすることもあります。

● 性自認のイメージ

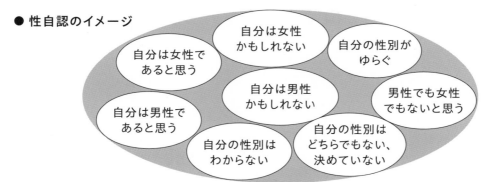

自分は女性
かもしれない

自分の性別が
ゆらぐ

自分は女性で
あると思う

自分は男性
かもしれない

男性でも女性
でもないと思う

自分は男性で
あると思う

自分の性別は
わからない

自分の性別は
どちらでもない、
決めていない

「トランスジェンダー」とは、出生時にわりあてられた性別とは異なる性自認をもつ人のことです。「トランス男性」とは、出生時にわりあてられた性別が女性で、男性の性自認をもつ人のことです。「トランス女性」とは、出生時にわりあてられた性別が男性で、女性の性自認をもつ人のことです。「シスジェンダー」とは、出生時に割り当てられた性別と同一の性自認をもつ人のことです。「ノンバイナリー」または「X ジェンダー」とは、男女いずれかの一方に限定されない性自認をもつ人のことです。

❷ 生物学的な性（からだの性）

生まれてきたときの身体的な特徴（たいていは外性器の様子）によって他者が性別を決めます。それが「生物学的な性（からだの性）」です。

● 生物学的な性（からだの性）
のイメージ

平均的な
からだの女性

いろいろな DSDs の
からだの男性

平均的な
からだの男性

染色体の数が
一般的でない女性

染色体の数が
一般的でない男性

いろいろな DSDs *
のからだの女性

さらにいろいろな
DSDs のからだの
男性や女性

＊性分化の過程で、何かしらの理由から、性染色体や性腺、性器が典型的ではない状態で生まれる人もいる。
　それを「DSDs：からだの性のさまざまな発達状態」(かつては性分化疾患) という。DSDs は 2020 年現在
　では 70 あまりのパターンが知られている。

平均的な男性と平均的な女性という 2 つだけではなく、とても多くのからだの状態が存在しています。楕円で示したからだの状態は、まるでサラダボウルのように多様に存在しています。また、からだの状態は一人ひとりがすべて異なるため、「グラデーションをなしている」ととらえることもできます。

❸ 性的指向（誰を好きになる？）

英語では「セクシュアルオリエンテーション」といいます。

● 性的指向のイメージ

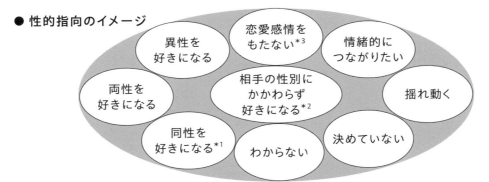

＊1：男性同性愛者は「ゲイ」と自称することが多く、女性同性愛者は「レズビアン」と自称することが多い。
＊2：相手の性別にこだわらない＝バイセクシュアル。性別ということ自体にこだわらない＝パンセクシュアル。
＊3：恋愛感情をもたない＝アセクシュアル。

　どの性的指向も自然なあり方の1つです。本来は、異性愛＝ヘテロセクシュアル、同性愛＝ホモセクシュアルと表現するべきですが、「ホモ」は日本では長い間、男性同性愛者のことだけを意味するように使われてきたので避けます。

❹ 性表現

　ファッションや言葉づかいで自分をどんな性別として表現するかということです。
　英語では「ジェンダーエクスプレッション」といいます。

● 性表現のイメージ

　性表現と性的指向とは異なる概念です。自分の身体的な性と異なる性表現をしている人が、みんな同性愛者やバイセクシュアルなわけではありません。

❺ 法律的な性

　生まれてきたときの身体的特徴から性別が決められ、戸籍や住民票に登録されます。日本では、男性と女性の2つですが、国によっては異なります。オーストラリアでは2013年7月にはパスポートに「X」という「第3の性別」を記入できるようになりました。また、2018年6月、憲法裁判所の判決により、国民は男性・女性以外に希望する性別を公式記録に記載できるようになりました。2013年11月から、ドイツではDSDs（からだの性のさまざまな発達状態）の赤ちゃんの場合は、出生届の性別欄を空欄で出せるようになりました。「第3の性別」を選べる国にはほかに、ニュージーランド、カナダ、インド、ネパールがあります。

ワーク 1　性の多様性の伝え方について考えよう

性の多様性を考える授業で先生がつくった授業プリントの一文です。

「同性愛者が同性を好きになるのは、この教室のみんなが異性を好きになるのと同じで、まったく自然なことなのです」

先生としては、同性愛も自然なことだと理解してほしいという願いからこういうプリントをつくったことがうかがえます。

① あなたはこのプリントのフレーズ（太字部分）をどう考えますか。

② もし表現に問題があるとしたら、どこをどう変えるのが正確でしょうか。

特に問題は感じないけど、どこかヘンかなあ？

わたしが気づいたのは「この教室のみんなが」ってところだな。「みんな」って決めつけるのはおかしいよね

コラム

SOGIE　LGBT（Q）と

　　性的少数者を表す言葉としてよく使われる「LGBT」とは、「Lesbian（＝女性同性愛者）・Gay（＝男性同性愛者）・Bisexual（＝相手の性別にこだわらない人）・Transgender（＝からだの性と性自認が一致しない人）」それぞれの頭文字を並べた略称です。これにQuestion または Queer（どれにも当てはまらない、風変わりな）のQを加えることもありますが、どれだけ多くの頭文字を付け加えても、性的少数者全体を表すことは困難です。「LGBT（Q）」という言葉が「そのような属性をもつ人」を表しているのに対して、すべての人間の性のあり方を表す言葉として、SOGIE（ソジー：Sexual Orientation、Gender Identity、Expression ＝性的指向、性自認、性表現）があります。SOGIE とは、すべての人のセクシュアリティを表現する言葉です。

3 「人間は多様」「性も多様」これは当たり前
LGBTQ、SOGIE とは?

人間の個性は一人ひとり違います。それぞれの個性をかたちづくるものなかに、セクシュアリティも含まれています。一人ひとりの性自認や性的指向などに注目して、多数を占める人びと(セクシュアルマジョリティ)と、少数の人びと(セクシュアルマイノリティ)とに分けて認識することもあります。以前は多数を占める人びとを「普通の人」としていましたが、それは正しい考え方ではない、ということを知っておきましょう。

クイズ

自分が同性が好きなんだと確信しました。どうするべきでしょうか?

① 病院で診断を受け、治療をする。
② 自然なこと。診断も治療も必要ない。

■ 教員と保護者向け　伝え方のポイント

　性の多様性以前に、まず、わたしたちのまわりにはさまざまな人がいて、社会は多様であるということから話をはじめていきましょう。自分と同じ人間は誰一人として存在しません。それぞれの個性が尊重されるべきだという前提があってこそ、性の多様性を認め合える社会がつくられていくはずです。

　話を進めていくうえでは、教室に性的マイノリティ当事者の生徒がいることは前提として授業を進める必要があります。「それぞれの発言を尊重し、ていねいに聞き取る」ことを事前に確認しましょう。差別的な発言、からかい、侮辱は決して放置せず、その発言の根拠や意図するところを確かめる、問う、注意を促すなど、さまざまな対応をしていきます。人間の多様性を考えてみれば、性が多様であることは理解しやすいでしょう。あらためて、性の多様性はすべての人の問題だということが実感できるといいですね。

理解のステップ

```
人間の個性はさまざまであり、自分と
他人は違うということを理解する
            ↓
同じように、性も多様で
あることを理解する
            ↓
LGBTQ と SOGIE の言葉の違い、
考え方の違いを理解する
```

● 個性ってなんだろう？

　自分のまわりを見渡してみましょう。顔も体つきも、服装も髪型も違いますね。見た目が違うように、人それぞれ考え方も違うでしょう。年齢、家族構成、宗教、障害のあるなしなど、その人の「属性」（ネット用語におけるタグのようなもの）は異なります。「セクシュアリティとしての性」もその「属性（タグ）」の一つです。誰一人として同じ人はいないにもかかわらず、誰かと同じようにすることを求められたら、とても生きづらく、暮らしにくいと思いませんか？

● 性的少数者（セクシュアルマイノリティ）とは？　LGBTQとは？

　性的少数者とは、恋愛対象が同性や両性の人、自分の性に違和感をおぼえる人、自分の性がはっきりしない人などのことを指します。人数が少ないため、「性的少数者」と呼ばれています。性的少数者は、それぞれの頭文字をとってLGBTQという言葉で表現することもあります。

> Ⓛ ＝レズビアン　女性同性愛者　　→ 女性が女性を好きになり、性的欲求をもつ人
> Ⓖ ＝ゲイ　男性同性愛者　　　　　→ 男性が男性を好きになり、性的欲求をもつ人
> Ⓑ ＝バイセクシュアル　両性愛者 → 異性も同性も好きになり、性的欲求をもつ人
> Ⓣ ＝トランスジェンダー　　　　　→ 生まれたときのからだの性とは異なる性を生きる人たち
> Ⓠ ＝クエスチョニング　　　　　　→ 自分の性のあり方を探している状態の人たち
>
> ※異性を好きになり、性的欲求をもつ人は「ヘテロセクシュアル」といい、生まれたときのからだの性と同じ性を
> 　生きる人のことを「シスジェンダー」という。

● さまざまなセクシュアリティを表す言葉がある

　ほかにも、自分以外の他人に恋愛感情や性的欲求をもたない人を「アセクシュアル」と表すこともあります。性自認や性表現を「男」「女」と明確に分けられない、どちらかの枠組みに当てはめたくないセクシュアリティのことを、「ノンバイナリー」といいます。このように性を表す言葉もたくさんあります。

● すべての人のセクシュアリティは多様

　すべての人のセクシュアリティを表す「SOGIE（ソジー）」という言葉があります。「SOGIE」とは、「SO」と「GI」と「E」をつなげた言葉で、その意味は以下のとおりです。すべての人にSOGIEの組み合わせがあり、それぞれの要素の内容は一人ひとり違い、多様です。

一人ひとりにSOGIEがある

SO	GI	E
Sexual Orientation	Gender Identity	Expression
性的指向	性自認	性表現

ワーク 1　学校にいる人のことを考えてみよう

① 学校にいるさまざまな人を思い浮かべ、それらの人と自分の共通点を挙げてみましょう。
② それらの人と自分との違う点を挙げてみましょう。

> ① 学校にいるさまざまな人を思い浮かべましょう。それらの人と自分との共通点を挙げてみましょう。
>
> ② それらの人と自分との違う点を挙げてみましょう。

学校にはどんな人がいる？　自分と同じ人、自分と違う人、どんな違いがあるのか、思いつくかぎり書き出してみましょう

ワーク 2　セクシュアルマイノリティの人に会ったことがない

①「自分はセクシュアルマイノリティの人と会ったことがない」、という発言がありました。これをどう考えますか。
② 性的多数者が「いわなくても当然」とされていることなのに、性的少数者だけが「説明」を求められることはないでしょうか（たとえば「誰が好き」のような話題でも）。これをどう考えますか。

 自分のまわりには、セクシュアルマイノリティの人はいないな

単にまわりに打ち明けていないだけじゃない？

きっと打ち明けて、普通じゃないみたいな扱いをされるのが嫌なんだよ……

自分のセクシュアリティについて他者に打ち明けることをカミングアウトといいます。カミングアウトを受けた人が、本人の同意なく、違う人に話してしまうことをアウティングといい、相手を追い詰めてしまう危険性があります

ワーク 3　みんなが生活しやすい環境ってなんだろう？

① 多様性を認め合い尊重することに逆行するような言動や環境や状況にはどんなものがあるでしょうか。書き出してみましょう。

② みんなが生活しやすい学校や社会にするために必要なことはどんなことでしょうか。書き出してみましょう。

普段の生活だとあまり考えないことだよね。いろいろな人の目線で考えてみるのがいいのかも

「人間は多様」「性も多様」これは当たり前 : LGBTQ、SOGIEとは？

コラム　カミングアウトについて

　セクシュアルマイノリティの人は、統計的にはクラスに一人以上はいるのですが、「会ったことがない」という人が多いのはなぜでしょうか。もちろん、本当に出会っていない可能性もあります。しかし、出会っていても気づいていない可能性があります。セクシュアルマイノリティの人が、そのことを誰にも知らせずに生活していれば、周囲はそれに気づかないからです。

　わたしたちの社会は、長い間、性的多数者を「普通」の存在としてきました。そのため、多数者は自分のもっている特権性に気づかず、当たり前のことと感じてしまいがちです。

　そういう社会で、セクシュアルマイノリティの人が自分の本当の気持ちや、自分のセクシュアリティを打ち明けること（カミングアウト）は、とても勇気のいることです。もし打ち明けられたときは、自分を信頼して打ち明けてくれたことへの感謝と、相手へのリスペクトを忘れずに、誠実に受け止めましょう。もちろん、その内容を本人の許可を得ずにほかの人に話す（アウティング）などは論外です。

4 日本語ではどちらも「性」だけど……

ジェンダーとセックス

 日本語では「性」は、「性」という一語で表現しますが、英語には「性」を意味する、「セックス（sex）」と「ジェンダー（gender）」という2つの言葉があります。2つの言葉の違いはどういうことでしょう。それぞれの意味を理解していきましょう。

クイズ

次の文章を2種類のグループに分けましょう。

① つらいときも、黙って泣かずに耐えるのが男。

② 女性は成長するにつれて乳房が大きくなる。

③ 男は女をリードするものだ。

④ 男性には精巣や前立腺がある。

■ 教員と保護者向け **伝え方のポイント**

生物学的な男女の差を表す「セックス」ではなく、社会的、文化的につくられている性、「ジェンダー」について目を向けてみます。

ジェンダーには幅広い意味があります。「男らしさ」「女らしさ」とはこういうもの、という考え方も「ジェンダー」にもとづくものです。授業が、生徒自身のジェンダー観を見つめ直す機会となるよう進めていきます。

たとえば、「男は外で仕事をし、女は家庭を守る」という性別役割分業論があります。このような役割論の根拠を考え、それが社会のなかで、どのようなはたらきをしているのかについても考えていきます。

そして、ジェンダー平等とはどういうことかについて考えていきましょう。

理解のステップ

```
セックスとジェンダーそれぞれの
意味内容を知る
```
↓
```
ジェンダーの具体的な内容を
交流し、考える
```
↓
```
ジェンダーは平等かを考えてみる
```

（セックス）④スモ②、`ーダンェジ）③スモ①　え答

◉「性」を英語で表すと2つある

英語では、性を意味する「セックス」と「ジェンダー」という2つの言葉があります。「セックス」は、体の特徴で男性か女性かを分けようとするときに使われる言葉です。ほかには、性的な行為の意味でも使われます。「ジェンダー」は、複数の意味をもつ言葉です。広い意味では、「人間の性に関わる認識は社会のなかでつくられてきたものだ」という考え方のことです。狭い意味では、「男らしさ」や「女らしさ」、社会や文化のなかでつくられた男女の役割分担などを意味する言葉です。

◉「男らしさ」「女らしさ」としてのジェンダー

社会や文化のなかでつくられた「男らしさ」は、多くの場合、積極的にリーダーシップを発揮することとされ、「女らしさ」は受動的で包容力を発揮することとされてきました。そのような「男らしさ」「女らしさ」の典型的な例として、「男は仕事、女は家事」といったような性別役割分業論があります。ほかにも例を挙げて考えてみましょう。

◉ 人びとを動かす「ジェンダー規範」

このように社会的、文化的につくられた性別の概念にもとづき、社会には暗黙の規範（「常識」といわれることもある）が存在しています。たとえば、男性はどうふるまうべきか、女性はどう行動すべきか、外見はどうしたらよいかなど、性別によってよいとされること、よくないとされることがあるように感じたことはありませんか？　その暗黙の「ふるまいのルール」を「ジェンダー規範」と呼んでいます。さまざまな分野で人びとをしばり、動かし続けています。

◉ ジェンダー規範は必要か

「男らしさ」「女らしさ」は、社会的、文化的につくられたものであるにもかかわらず、まるで自然の現象のように語られることもあります。ジェンダー規範にしばられた「男らしさ」「女らしさ」の強要は、「男らしく」ない男性、「女らしく」ない女性など、「典型的ではない人」を排除することにつながります。また、そのような社会では、性的少数者の存在は認められづらいでしょう。ジェンダーとは社会や文化がつくり出したものであり、人びとによって変えられると認識することは、多様性を尊重する社会づくりに役立つでしょう。

ジェンダーってよく聞く言葉だけど、ちゃんと意味の把握はできていなかったな

「ジェンダー規範」って言葉ははじめて知ったけど、たしかに身のまわりにいっぱいあるね

ワーク 1　ジェンダーについて理解を深めよう

次の文章を読んで、セックスだと思うものには（ S ）ジェンダーだと思うものには（ G ）を記入して、分類してみましょう。

（　　）　男性は妊娠することができない。

身体的な特徴で分けられた性別がセックス、社会的につくられた性別がジェンダーだったよね

（　　）　家事と育児は女性がするものだ。

（　　）　妊娠することができるのは女性だけだ。

（　　）　出産することができるのは女性だけだ。

そう考えると分類するのは簡単だね

（　　）　女性の政治家や経営者や管理職は少ない。

（　　）　飲食店の接客は女性の仕事だ。

でも、ジェンダーに関する文章には違和感があるな。性別で決めつけることじゃない気がする

（　　）　月経（生理）があるのは女性だ。

（　　）　一般的には筋肉量は男性の方が女性より多い。

答え　S G S S G S S G

コラム

獲物を待つ女？　狩をする男？

　社会における男性の役割、女性の役割は、「人類は大昔から男が狩りをし、女は家で子育てをして獲物を待っていたではないか」として正当化されることがあります。しかし、ニューメキシコ大学のルイス・ビンフォード教授は、人間はもともと死んでいる動物を食べるハイエナのような存在であり、男女関係なく、狩猟に参加していいたのではないかと考察しました。また、人類学者マーガレット・ミードは、ニューギニアで男女がともに狩猟と子育てを行っている部族の生活を報告しています。これらは性別役割分業の根拠に疑問を投げかけるものです。

ワーク 2　ジェンダー規範にはどんなものがあるだろう

① 社会的につくられた性だと思うことを書き出してみましょう。

② 男だから、女だからといって、気をつけたり我慢したりしていることがないか書き出してみましょう。

③ 嫌だと感じることがあれば、理由とともに書き出してみましょう。

よくあるのが、男なんだから泣くと恥ずかしい、みたいなやつだよね

そうそう。男のくせに、とかいわれたことがあるな

でも、たとえば感動したら誰でも泣くし、涙は出てくるんだからしかたないよね

感情に男女の差はないといわれていますよ

23

「男女平等」のさらに先がある?
ジェンダー平等とは?

「ジェンダー平等」という言葉を聞いたことがありますか? 「男女平等」は聞いたことがあると思います。「ジェンダー平等」とは、男女のなかにも無数の差異があることや、男女だけではない性の存在を考え、「すべての性」の人びとの平等を意味する言葉です。

クイズ

スイスのシンクタンク、世界経済フォーラム（WEF）が、「グローバル・ジェンダー・ギャップ報告書 2024」で、世界の国々のジェンダーの格差がどのくらいあるかを調べ公表しました。日本は146か国中、何位だったでしょうか?

① 1〜9位以内
② 10〜19位以内
③ 20〜49位以内
④ 50〜99位以内
⑤ 100位より下

■ 教員と保護者向け 伝え方のポイント

性差別と向き合う歴史のなかで、主に女性差別を撤廃し、男女平等社会を実現することが大切だと考えられてきました。しかし、ここで注意しなければならないのは、男性と同じ権利を得るために、女性を引き上げることが男女平等のゴールインではないということです。

ここでは、ジェンダー平等と男女平等はイコールではないことを理解することからはじめます。そのうえで、性別にかかわらず、個人の能力が十分に発揮できる社会づくりがのぞましいということを伝えるとよいでしょう。

そして、日本社会におけるジェンダー不平等の課題を見つけ、これらの問題がなぜ起こるのか、解決するにはどうしたらよいかも考えていきます。

理解のステップ

> 男女平等とは何かを理解する
>
> ↓
>
> ジェンダー平等とは何かを理解する
>
> ↓
>
> 日本のジェンダーギャップについて
> 理解し、どうしていけばよいか
> 課題を見つける

● 男女平等とは？　ジェンダー平等とは？

　性差別問題は、長い間女性差別の問題ととらえられてきました。女性は、賃金、昇進、社会的な地位や教育機会、就職において差別される側であったため、その差別が撤廃されることが問題解決の目標となってきました。そのような考え方においては、女性に男性と同等の権利を与える、男性並みに引き上げていく、という意味合いが強かったといえます。しかし、このような男女平等の概念は、そもそも男性が基準になっているため、女性、男性のなかにも差異があることが見逃されているだけでなく、性の多様性にも着目されていないという課題がありました。

● 性差別は女性だけの問題ではない

　女性差別問題の撤廃を目指すなかで、性差別は女性だけの問題ではなく、男性の問題でもあることが指摘されてきました。たとえば、過労死、過労自殺に追い込まれるのは男性が多いのです。そのような状況は、「男だったら家族を養う」「男だったら弱音を吐かない」といった「男らしさ」のプレッシャーによるものかもしれません。いわゆる「男らしさ」というものも、社会的につくられたものであると指摘されるようになりました。

● 性別役割を問い直す

　社会には男性に向いている役割や責任、女性に向いている役割や責任があらかじめ決められているように感じることはないでしょうか。このように性別を理由に役割を分けることを性別役割（ジェンダーロール）といいますが、性別役割は性別によって生き方や働き方を狭める現状をつくりだしているといえます。

　そうではなく、一人ひとりが自分の仕事や役割を選択できるようにしようというのがジェンダー平等の目標の一つです。社会的・文化的につくられた性別を問い直し、一人ひとりが性別に関係なく個性と能力を十分に発揮できる社会の実現が求められています。

● ジェンダー平等社会は社会課題

　自分でも気づかないうちに、性別役割分業に関する固定観念から行動を選択していることもあります。たとえば、いまは男女共働きの家庭が多いにもかかわらず、家事、育児、介護のために仕事を辞めるのは圧倒的に女性であるのが現状です。また、男性の育児休業は2022年4月に推進が義務化されましたが、取得率はまだ高いとはいえません（2022年度で17.13%、厚生労働省「雇用均等基本調査」）。ジェンダー平等社会の実現には、まだまだ課題が多いといえるでしょう。

今までジェンダー平等社会は男には不利な社会なのかと思っていた……！

「男らしさ」による抑圧をとりはらうこともジェンダー平等の目標の一つですよ

日本のジェンダーギャップを調べてみよう

世界経済フォーラムが「グローバル・ジェンダー・ギャップ報告書　2024」を公表しています。そこには、ジェンダーの格差を示す「ジェンダー・ギャップ指数」と国別の順位があります。指数は、「経済」「教育」「健康」「政治」の4つの分野のデータから作成され、0が完全不平等、1が完全平等を示しています。

① グループに分かれて調査をし、空欄に数字を入れましょう。
② 日本のジェンダーギャップをなくすにはどうすればよいか、意見を出し合ってみましょう。

ジェンダーギャップ指数は、どの分野で男女の格差があるのかということをみてとるために有益です

日本の順位はすごく下なんですね！　驚きました

上位国と日本では、何が違うんだろう

日本の順位は146か国中（　　　　）位

● ジェンダーギャップ指数の上位国

1位	アイスランド
2位	（　　　　　　）
3位	（　　　　　　）
4位	（　　　　　　）

● 各分野のスコア

アイスランド（0.935）
1位 /146か国
日本（0.663）
（　　）位 /146か国
平均（0.685）

経済参画（0.561（　　）位）
・労働参加率の男女比
・同一労働における賃金の男女格差
・推定勤労所得の男女比
・管理的職業従事者の男女比
・専門・技術者の男女比

教育（0.993（　　）位）
・識字率の男女比
・初等教育就学率の男女比
・中等教育就学率の男女比
・高等教育就学率の男女比

政治参画
（0.118（113位））
・国会議員の男女比
・閣僚の男女比
・最近50年における行政府の長の在任年数の男女比

健康（0.973（58位））
（ヘルスケア）
・出生児性比
・健康寿命の男女比

答え　日本の順位は146か国中118位。2位フィンランド、3位ノルウェー、4位ニュージーランド、経済参画118位、教育72位

日本のジェンダーギャップはどこに？

「グローバル・ジェンダー・ギャップ報告書　2024」では、日本は4分野のうち、健康（ヘルスケア）と教育は高い指数を示していました。しかし、政治参画、経済参画の2分野では、ほかの先進国に比べると非常に低い指数となっています。政治参画の指数が低いのは、国会議員の9割あまりが男性で占められていることが大きな要因です。経済参画の指数が低いのは、上場企業の取締役や管理職における女性の比率が低いことが要因です。日本政府は、国連女性差別撤廃委員会から格差をなくすよう何度も勧告を受けています。

ワーク 2　女性・男性に向いている職業はあるのか、考えてみよう

① 女性に向いている、男性に向いているといわれる職業があるか考えてみましょう。
② 思いつくかぎり書き出したら、その理由も考えてみましょう。
③ グループになって、意見をシェアしてみましょう。

女性に向いている職業	理由

男性に向いている職業	理由

 親に、看護師か保育士になるようにすすめられているんだよね

 たしかに女の人が多いイメージ。男の人は少ないよね

 でも、向いているかというと、それはその人によるんじゃない？　性別は関係があるのかな？

ワーク 3　女の子が直面する壁とは?

「女の子だから」「女性だから」という理由で、直面してしまう障壁を取り除き、自分の人生を自分で決めながら生きるための力を身につける取り組み（エンパワメント）は、SDGs においても重要なテーマです。日本においても「男女共同参画社会基本法」で 21 世紀の最重要課題と位置づけられています。

①女性、女の子が感じるジェンダー不均衡にはどのようなものがあるか書き出してみましょう。
②どのようなことが改善されれば格差が是正されるか、アイデアを出してみましょう。

不均衡だと思うこと	どんなことが改善されたらいい?

 やっぱり今は男のほうが、生きていくうえでは有利な社会ってことなのかなぁ

 たしかにそういうことも多いです。でも、ジェンダーの不均衡は男性にばかり有利な世の中というわけではありません

「男らしさ」「女らしさ」って誰が決めるの?
ジェンダーステレオタイプとは?

ここまで社会的につくられたものであるジェンダーという「性差」について学んできました。わたしたち自身にジェンダー規範は影響していないでしょうか。たとえば「男らしさ」、「女らしさ」について、「世間でよくある見方」をしてしまっていないでしょうか。

クイズ

次の文章で「男らしさ」「女らしさ」の思いこみにもとづくものを選びましょう。

① 女の子だからスカートを履いたほうがかわいくなってモテる。
② 男の子は強さを求められるから、人前で泣くのは好ましくない。
③ 女子には「女子力」が必要だ。
④ 男の子はみんな、女の子よりもスポーツが得意だ。

■ 教員と保護者向け　**伝え方のポイント**

「男らしさ」「女らしさ」や性別役割についての考え方は、メディアやインターネットの情報などから大きな影響を受けています。同時に、その人が育ってきた家庭や地域社会によってもさまざまに影響を受けており、認識は多様です。

教員や保護者などの大人も、当然そうした影響を受けており、偏見と無縁とはいえません。

生徒とともに学び、考えていくなかで、みんなが自分自身のなかにあるかもしれないジェンダーステレオタイプに気づくことができるといいですね。

理解のステップ

> 身近にある「男らしさ」
> 「女らしさ」に気づく

> どうして「らしさ」が
> つくられるかを理解する

> 自分自身のジェンダー規範や
> ジェンダーステレオタイプの
> 影響を振り返ってみる

● 男女の区別、何が必要で何が不要？

　学校生活には「男女別」という場面がたくさんあります。トイレ、更衣室など、男女別が当然の場所があります。体育の授業での男女別は、種目などによっては必要なことがあるかもしれません。男女別の整列などはどうでしょうか。考える必要があるかもしれません。では、行事などで、「重いものは男子が運んで」「掃除は女子がやって」などと指示したりするのはどうでしょうか。この場合は、必ずしも男女別である必要はないと思いませんか。

　このような「男は / 女はこうであるべき」というパターンを「ジェンダーステレオタイプ」といい、「男は / 女はこうするべき」という規範を「ジェンダー規範」といいます。

> ### ジェンダーステレオタイプ 「男らしさ」のイメージ
>
> ・力もち
> ・頼られる
> ・スポーツができる
> ・乱暴なところがある
> ・泣かない
> ・かっこいいものが好き
> ・青や黒が好き

> ### ジェンダーステレオタイプ 「女らしさ」のイメージ
>
> ・優しい
> ・おとなしい
> ・外より家で遊ぶのが好き
> ・泣くことが多い
> ・料理や手芸が好き
> ・かわいいものが好き
> ・ピンクや赤が好き

● ステレオタイプとは

　「ステレオタイプ」の「ステレオ」は「立体的なサウンド (音響)」という意味ではなく、昔印刷に使った金属製活字の「鋳型 (ステロ)」が語源です。ステレオタイプとは、多くの人に浸透している「型にはまった」先入観や思い込みのことです。「あの国の人はみんなこうだ」や、「血液型A 型の人の性格は……」などが、人間に関するステレオタイプの実例です。社会で受け継がれてきた伝統的な見方や考え方、教育、そしてメディア情報などによって、ある特定のイメージがつくられ、多くの人びとに広がり、定着させられます。ステレオタイプには根拠のないものも多く、偏見や差別につながることがあるので注意が必要です。

● ジェンダーステレオタイプはどうやってつくられるのか

　誰かと話しているときに、性別による決めつけに違和感を抱いたことはありませんか？　ジェンダーステレオタイプやジェンダー規範は、テレビ、新聞などのメディアやインターネット情報などによってつくられてもいますが、それぞれが育った家庭や地域社会の影響も大きく、人によって違います。また、時代とともに変化していく面もあり、世代によって異なるジェンダーステレオタイプやジェンダー規範をもっていることもあります。

ワーク 1	「男らしさ」「女らしさ」入れ替えてみると

① 「男らしさ」「女らしさ」として思い浮かべるよい点を挙げてみましょう。
② 表に書きこんだあとで、「男らしさ」と「女らしさ」を入れ替えてみましょう。
③ 入れ替えてみた結果についてどう思いますか。意見を出し合い、交流しましょう。

男らしさ	女らしさ

「男らしさ」「女らしさ」を入れ替えてみて感じること

入れ替えるってどういうこと？

たとえば「リーダーシップをとる」ことを「女らしさ」にしてみるってこと？

「リーダーシップをとる」ことが「女らしい」というのはアリか考えるってことだよね！

「字がきれい」なことが「男らしい」か、とかね

ワーク 2	自分自身のジェンダーステレオタイプの影響に気づこう

① 性別を理由に決めつけてしまっていることがないか、考えて書き出してみましょう。
② どうして決めつけられているか、理由を考えてみましょう。

男だからやったほうがいいと思うこと	理由

女だからやったほうがいいと思うこと	理由

荷物を運ぶとか、そういう作業は男が率先してやったほうがいいのかなと思ってしまうな

たしかにいわれなくても、暗に求められる場面はあるよね

それも性別による決めつけってことだね

性別だけでなく、「今どきの若者は」とか「〇〇大学出身の人だから」とか、勝手に決めつけてしまうことって、たくさんあるんです

ワーク 3　ジェンダーステレオタイプに気づこう

ステレオタイプ的な「思い込み」や「決めつけ」から、よかれと思って行動したことが、不快に思われてしまうこともあります。

① イラストを見て、どのような状況か書き出してみましょう。
② なぜ、女性はムッとしているのか、理由を考えて書き出しましょう。
③ グループになって、意見を交換してみましょう。

大変そうだから手伝うよ

どんな場面を描いたイラストでしょうか？

女性はなぜムッとしているのでしょうか？

男性はどんなことを思っているでしょうか？

やさしい言葉がけだと思うけど、なんでかな？

でも「手伝う」っていうのはホントは自分がすることじゃないと思っているからだよね

「決めつけ」ていることに気づいていなければ、せっかく気づかったのにって男性のほうも怒り出しそうだね

家事や育児は妻と夫で分担するものなのに、男性は「手伝う」だけで当事者意識に欠ける発言が多い、ということが問題になるようです

「男らしさ」「女らしさ」って誰が決めるの？ ‥ ジェンダーステレオタイプとは？

7 「からだ」をめぐる情報を見つめ直す
メディアやネット情報とコンプレックス、ルッキズム

 メディアやネット情報は多くの人の価値観に影響を与えています。「からだ」を
めぐる情報もその一つです。「美しく」「かわいく」「カッコよく」なりたいでしょう、
それならこうしましょう、という情報が、一見自然な情報提供のような形で大
量に流されています。

クイズ

異性にモテるために必要不可欠だといわれているものは？

① 脱毛
② 美肌
③ 包茎手術
④ 美容整形

■ 教員と保護者向け **伝え方のポイント**

　まるで空気のように、デジタルネイティブ世代
の若者たちはスマートフォンでインターネット情
報に接しています。インターネットで数多く発信
され、大きな影響を与えているものに、「からだと
美」をめぐる情報があります。「恋愛で成功するた
めに」「うらやましがられるカラダに」など、さま
ざまな「からだと美」の情報が大量に流されてい
るのです。
　生徒たちは、自分の接している情報はどのよう
なものなのか、それらの情報が客観的なものなのか、
企業の宣伝なのか、それが自分たちにどんな影響を
与えているかを考え、見つめ直す必要があります。
共同の学びは、自分一人では見えにくいメディア
やネット情報の影響を見えやすいものにしてくれ
るでしょう。その影響が、自己評価や行動にまで
及んでいることに気づけたら大きな前進です。

理解のステップ

> ネットなどの「からだ」や「美」を
> めぐる情報発信の状況を共有する

> それらの情報は自分たちにどんな
> 影響を与えているかを見つめ直す

> 「ルッキズム」について学び考える

生きづらさはメディアの影響？

　若者が自分の外見・容姿に自信がないというのは、世界中どこでも共通のことだと思っていませんか？　実はそうでもないのです。日本の10代の女性のうち、9割以上もの人が、「自分の容姿に自信をもっていない」と回答した調査があります。これは調査対象国のなかで最下位という結果です。どうしてそのような気持ちになるのでしょうか、また、そこに広告やメディアの影響はないでしょうか。

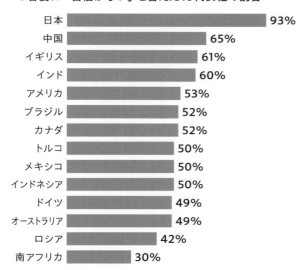

●容姿に「自信がない」と答えた10代女性の割合

日本	93%
中国	65%
イギリス	61%
インド	60%
アメリカ	53%
ブラジル	52%
カナダ	52%
トルコ	50%
メキシコ	50%
インドネシア	50%
ドイツ	49%
オーストラリア	49%
ロシア	42%
南アフリカ	30%

●容姿に「自信がない」と答えた10代日本女性のうち、「美しくなければならない」というプレッシャーを感じていると答えた人
52%　20人中10人

●容姿に「自信がない」と答えた10代日本女性のうち、やりたいこと（友だちや家族との交流、課外活動への挑戦）などを諦めた人
48%　20人中10人

●容姿に「自信がない」と答えた10代日本女性のうち、雑誌などに載っている「美しい女性」の写真を見ると、自己肯定感が下がると答えた人
32%　20人中6人

出典：ユニリーバ・ジャパン「ダブによる少女たちの美と自己肯定感に関する世界調査レポート」2017年をもとに作成

ルッキズムとは

　「人を外見（だけ）で判断する」考え方を「ルッキズム」といいます。日本語では「外見至上主義」などと訳されています。もともとは、採用面接や成績評価といった、本来は外見が関係しないはずの場面で、外見が評価され、外見を理由に採用されなかったり、低い評価を受けたりすることを指す概念でした。わたしたちが日々ふれるメディアや広告などの情報には、ルッキズムを助長するものがたくさんあります。「からだと美」をめぐる情報を見つめ直してみましょう。それらは、わたしたちに何を伝えようとしていて、どんな影響を与えているのでしょうか。

「からだと美」に関わる価値観を見直してみる

　自分の「からだと美」に関する価値観はどうやってつくられたものなのでしょうか。その価値観は、自分を苦しめていないでしょうか。その価値観から解き放たれたら、どうなるでしょうか。考えてみましょう。

　からだの保全（bodily integrity）という考え方を知っていますか？　これは障害者の権利に関する条約第17条に由来しており、「からだはそのままの状態で完全である」「心身がそのままの状態で尊重される権利を有する」と定められています。つまり、自分のからだは誰かの価値観によって変えられたり、矯正されたりするものではないことを示しています。

「からだ」をめぐる情報を見つめ直す：メディアやネット情報とコンプレックス、ルッキズム

ワーク **1**

ルッキズムは見慣れた光景か？

① 次のイラストを見て思うことをグループで話してみましょう。
② 身近な人たちの間でも、ルッキズムを話題にしたことがないか振り返ってみましょう。

正直、よく見慣れた場面だけど、ちょっと嫌だな……

別になんとも思わないかな。こういうのってよくあるし

わたしは嫌だな。人と比べるのも嫌だし、外見だけで判断されてるのを見るのも嫌

インターネットやテレビで当たり前のように発信されていることは、わたしたちも友だちどうしや家族の中で、当たり前のようにしていることかもしれません

ワーク **2**

どんな人がモテる？　メディアの影響は？

① 下の項目は、これをすればモテるとメディアから発信されているものです。
② なぜそう考えられているのでしょうか？　考えられる理由を書き出してみましょう。
③ モテるために本当に必要かどうか、あなたの考えを書き出してみましょう。

これをすれば、モテる？

美肌　　脱毛

痩身（そうしん）　　包茎手術

スマホを見てても、いろんな広告があるよね。モテなきゃとあおる広告は確かに多いね

広告の内容と自分とを比べて、不安になることはあるかもしれない

不安をあおってお金もうけするしくみなんじゃない？

たとえば、"愛され女子の○○"といったフレーズは、異性にモテるために必要といった画一的な価値観にもとづくものです。脱毛、包茎などからだのセンシティブな部分のコンプレックスをついて不安をあおり、"○○"をしないとモテない"などといったフレーズも目立ちます。それで、モテるために必要だという情報が刷り込まれてしまうのです

> **ワーク 3**

からだのイメージをポジティブに変えてみよう

・・・

① 自分が感じている身体的なコンプレックスを思い浮かべてみましょう。（メモできるならしてもいいです）

・・・

② それが原因で行き詰まったりあきらめていることはないでしょうか。あれば書き出してみましょう。（書きたくなければ、書かなくてかまいません）

・・・

③ 自分のコンプレックスにメディアの影響はないでしょうか。本当に自分のやりたいことをあきらめるようなものなのか、考えてみましょう。

・・・

④ コンプレックスを感じなくなったら、自分のこれからはどう変わるでしょうか。書き出してみましょう。

> わたしたちが一人ひとり抱えている悩みは、もしかすると、メディアから刷り込まれたもので、悩む必要のないことなのかもしれません

> **コラム**
>
> **インターネット上の性情報にも注意が必要**
>
> インターネット上にあるアダルトコンテンツと呼ばれるポルノ情報には、性暴力・性犯罪を肯定する内容が数多く含まれています。たとえば、「性的同意なしの性行為」「女性を暴力的に扱う」「女性は拒否しても実は喜んでいる」「コンドームなどをつけずに性交することが快感」などです。このような描写に接し、現実世界でまねをすると人を傷つけることになるし、性暴力になります。インターネット上の性情報には十分に注意しなければなりません。

1 人間関係を振り返ってみよう
どんな人間関係から何を得てきただろうか

人間の性は、人間関係と深く関わっています。恋愛する・しないにしても、性的な関係をもつ・もたないにしても、人間どうしの関係と切り離すことはできません。人間関係について考えを深め、よりよい人間関係や、そのために何が大切かを探究することは、性について考える際に、必ず力になるでしょう。

クイズ

次の記述は正しいでしょうか。正しいと思ったら○を、間違っていると思ったら×をつけてください。

① 日本には国が人間関係のあり方を決めていた時代がある。
② 現在の日本には、人間関係とは何か、ということについての法律の規定がある。
③ 人間関係というものは一人の人間と一人の人間の関係であり、一人と多数の関係は人間関係とはいわない。
④ 人間関係は顔見知りの人間どうしにだけ成り立つ関係である。
⑤ 人間関係はよい結果だけをもたらすとは限らない。

■ 教員と保護者向け　伝え方のポイント

　生徒たちの多くは、家族や友人などの人間関係について主に「道徳」の授業で学んできています。「道徳」では、あるべき人間関係についての理想形が提示され、生徒たちはそれを教えられています。そのような経験をもつ生徒たちに、通り一遍に「よい人間関係はどういうものかを考えてみよう」と問いかけるだけでは深く考えるのは難しいことでしょう。

　ここでは自分自身の人間関係の経験を振り返り、ほかの人の経験や考えを知りながら言語化していくことで、よりリアリティをもって探究していきます。人間関係には明確な「正解」があるわけではありません。だからこそ他者と交流しながら考えていく過程が大事だといえるでしょう。

理解のステップ

> 自分のまわりにいる人との関係を振り返る

↓

> ほかの人の考え方を知る

↓

> あらためて、人間関係が生み出すものにはポジティブなものとネガティブなものがあることを見つめ直す

○⑤　×④　×③　×②　○①　**答え**

● 「性」は「生」、生きること

　第1章では、「性」について理解を深めてきました。性は「セクシュアリティ」であり、その人らしさの中心にあるもの、生き方と関わるもの、ということを学びました。さらに、ジェンダーステレオタイプにとらわれた「男らしさ」「女らしさ」ではなく、自分らしい選択をしていくことの大切さを考えてきました。性を考えることは、どのように生きていくかを考えることにつながります。また、性は人間関係と切り離せません。普段なかなかできない人間関係の振り返りのなかから、大切なことを見つけていきましょう。

● どんな人に出会ってきたか

　まず、自分が今まで体験してきた人間関係を振り返ってみましょう。今まで生きてきたなかで出会った人には、どのような人がいるでしょうか。親子関係、友だち関係、先生との関係、部活の先輩後輩関係、思いつくかぎり、すべて挙げてみてください。いかにたくさんの人と出会ってきたかがわかるでしょう。

> ### 自分が体験した人間関係の例
>
> 友だち、親、兄弟、姉妹、祖父母、習い事の先生、クラスメート、近所の人、部活の先輩、部活の後輩、友だちの親、塾の先生、SNS で知り合った人、SNS でフォローしてる人、バイトの仲間、お店の店員、見知らぬ他人　など

> "よい人間関係を考えましょう" といわれても、すぐに具体的なイメージが出てくるものではありません。まずは、自分の体験にもとづいて考えてみることからはじめましょう。自分自身のことを振り返り、実際に自分を取り巻く人を思い出しながら考えていきましょう

● 人間関係のプラス、マイナス

　これまでの人間関係から自分が得たものを考えてみましょう。自分が得たり感じたりしたプラス（ポジティブ）なこと、マイナス（ネガティブ）なことを具体的に挙げて振り返ってみましょう。

> ### 自分が体験した人間関係でプラスだと思うことの例
>
> 一緒にいて楽しい、協力できる、たくさんの情報をもらえる、世界が広がる、心が安定する、共感してくれる、悩みや不安を相談できる、お年玉をくれる、誕生日プレゼントをくれる、食事をつくってくれる　など

> ### 自分が体験した人間関係でマイナスだと思うことの例
>
> けんかした、いじめにあった、気をつかう、不快になる、怒られる、傷つけられる、自信をなくす、暴力を振るわれる、悪口をいわれる、嫉妬、LINE のブロック、裏切り、嘘をつかれる、借りパクされる、ものを壊される

人間関係を振り返る①

これまでの人生で、あなたが体験した人間関係はどんなものがあるでしょうか？　思いつくかぎり、すべて書き出してみましょう。

前のページの例で、「見知らぬ他人」って書いてあったけど、知らない他人も自分の人間関係に含むんですか？

「見知らぬ他人」もみなさんにかなり影響を与えています。今日みなさんが通学のときに乗ってきた電車やバスの運転士さんは、その人がいなければ移動もできなかったけれど、たぶん知らない人でしょう。道でぶつかって「チッ」と舌打ちした人も知らない人、それと、嫌なケースだけど、痴漢の加害者も知らない人のケースが多いでしょう。こう考えると、「見知らぬ他人」をあなたの人間関係から抜いて考えることはできないと思います

| ワーク 2 | 人間関係を振り返る② |

人間関係であなたが得たプラスのものはなんでしょうか？　人間関係であなたが得たマイナスのものはなんでしょうか？

・プラスのもの

・マイナスのもの

精神的なことでも、物質的なことでもなんでも書き出してみましょう。

プラスの面でいうと、仲のいい友だちとは「一緒にいて楽しい」かな

大学生の兄は帰省するたびに何か買ってきてくれるから「プレゼントをくれる」だな

プラスの関係でいうと、「一緒にいて楽しい」は、精神的な側面ですが、「プレゼントをくれる」は、物質的な側面ですね。マイナスの関係でいうと、たとえば「不快になる」は、精神的な側面ですが、「ものを壊された」は物質的な側面ですね。プラスの関係にもマイナスの関係にも物心両方の側面があることを知っておきましょう

2 人間関係が生み出すプラスとマイナス
それを分ける要因を考える

前項では、わたしたちは人間関係を通じて、物心両面でどんなプラスとマイナスを得ているかを出し合ってみました。同じ人間どうしの関係なのに、ある関係はプラスを生み出し、ある関係はマイナスを生み出します。では、どのような要因によって、プラスとマイナスの違いが生まれるのでしょうか。

クイズ

次の記述は正しいでしょうか。それとも誤りでしょうか。正しいと思ったら〇を、誤りだと思ったら✕を書いてください。

① 特定の人間関係が生み出すものは常に同じである。
② 一度生まれた人間関係は決してなくならない。
③ 親子関係というものは全世界共通だ。
④ すべての人間が最初に体験する人間関係は親子関係である。

■ 教員と保護者向け　伝え方のポイント

何かの「要因」や「要素」を問う、というのはなかなか難しいことです。言葉自体になじみが少ないうえに、こういう分析的な作業に慣れていない生徒が多いのです。そのため、いろいろな表現を使って伝える工夫が必要になります。「何がプラスとマイナスを分かつ要因か」という表現も難しく感じる生徒がいることでしょう。「同じ人間関係なのに、何が違うとプラスとマイナスが生まれるんだろう」などと言い換える必要があります。

「ベスト3」というのは一つの方法です。数に意味があるのではなく、プラスとマイナスを分かつ要因がたくさんあることに気づき、そのなかの主要なものに目を向けてもらうことが目的です。いわゆる「正解」はないことも伝える必要があります。他者の考えから得るものが多いことは、生徒自身がよくわかっているので、自由な発言を保障することで、学びは進んでいくでしょう。

理解のステップ

```
人間関係のプラスとマイナスを
挙げていく（前回）
        ↓
人間関係でプラスとマイナスを
分かつものを考える
        ↓
プラスとマイナスを
分かつ要因のなかのベスト3を、
具体的な体験から導き出す
```

答え　①✕　②✕　③✕　④✕

プラスとマイナスを分かつ「要因」は何？

　同じ人間どうしの関係なのに、ある関係はプラスを生み出し、ある関係はマイナスを生み出しています。なぜこのような違いが出たのでしょうか。何が違ってこのような結果になったのでしょうか。プラスとマイナスを分けた原因（または要因）は何なのでしょうか。

分かつ要因のなかで「ベスト3」を選ぶとすると

　プラスとマイナスを分かつ要因としては、さまざまなことが挙げられます。いろいろな意見のなかでも、「感情」「価値観」「相性」「性格」「力関係」などは、とくによく出てくる項目ではないでしょうか。たくさん挙げてみたら、そのなかでも自分が大切だと思うものを3つ選んでみましょう。

わたしは、
・性格
・価値観
・関係性
かなあ

・感情
・相性
・力関係
かな

ぼくは、
・距離感
・性格
・関係性
かなあ。みんな
違うね

人によって異なるのは当たり前のことですよ

自分のベスト3がわからないときには？

　自分のベスト3を挙げることが難しい人もいるでしょう。そんなときには、これまでの人間関係を思い浮かべてみてください。仲のよいクラスの友だちも、最初はよく知らない人だったでしょう。あなたがその友だちと仲よくなった理由は何でしょうか。価値観が合うからでしょうか。一緒にいた時間が多いからでしょうか。共通点が多かったからでしょうか。

　あるいは、マイナスの関係を思い浮かべてもよいです。どうして友だちとけんかが起きたのでしょうか。どうしてその部活の先輩は苦手な存在になったのでしょうか。思い出して分析してみましょう。

思い返してみると、仲よくなった人はみんな
席が近かったことのある人かも……

そうだとすると、「一緒にいた時間が長い」
があてはまりますね

ワーク 1 プラスとマイナスを分かつ要因を挙げよう

人間関係のプラスとマイナスを分かつ要因となることは何だと思いますか。挙げられるだけ挙げてみましょう。挙げ終わったら発表し、ほかの人の挙げた要因も書き込みましょう。

プラスとマイナスを分かつ要因の例

感情、性格、価値観、相性、対話の量、力関係、距離感、思いやりがあるかないか、どれくらい一緒にいたか、利害関係の一致、IQ の違い、プライド、自分の求める人間関係を構築する気があるかないか、相手への興味があるかないか、理解力、相手と自分の力の違い、育ってきた環境の違い、知能

ここでは分かつ要因のよし悪しは決めずに、とりあえず思いついたことをどんどんあげてもらうことが大切ですよ

プラスとマイナスを分かつ要因

ワーク2　自分の「要因ベスト3」を考えよう

たくさん挙げた要因のなかから自分の「ベスト3」を考えてみましょう。どうしてそう思ったのか、理由もメモしておきましょう。

ベスト3

○

○

○

どうしてそう思ったのか

人間関係が生み出すプラスとマイナス：それを分ける要因を考える

コラム

ベスト3は人によって変わるし、変化する

　ここで挙げてみた「ベスト3」は、これから先も変わることはないのでしょうか。いえ、変わる可能性があります。12歳のあなたのベスト3と、18歳のあなたのベスト3は違ってくるかもしれません。なぜなら、12歳での人間関係の経験と18歳の経験とが同じではないからです。また、思い浮かべたときの相手が「家族」であるときと、「友だち」であるときでは「ベスト3」は違ってくるでしょう。「ベスト3」は人によって異なるだけでなく、一人の人間のなかでも、そのときどきで変化していくことを知っておきましょう。

3 「よりよい人間関係」をつくるために
大切にすべきことって何だろう?

ここまでの学習で、みなさんは自分自身の人間関係を見つめてきたと思います。では、ほかの人はどうでしょうか。ほかの人のいろいろな考えを知ることは、人間関係についての自分の考えや視野を広げるきっかけになるでしょう。

クイズ

次の記述のなかで事実と違うことが書いてある番号を答えてください。

① お互いが「好き」という感情をもっていれば、必ずよい人間関係がつくれる。
② 対等平等な人間関係などというものは存在しない。
③ 人間関係で大切にされるべき価値観は昔も今もまったく変わらない。
④ 国や民族が違えば、よい人間関係を築くことはできない。
⑤ 人間関係に関する考え方はどんなものであっても絶対に否定してはいけない。

■ 教員と保護者向け **伝え方のポイント**

前項で、「自分の人間関係の経験」「それらが生み出すプラスなこととマイナスなこと」「プラスとマイナスを分かつ要因」を見つめ直すという学習活動をしました。多くの生徒にとってはこれまで経験したことのない学習であり、視野を広げるきっかけになったことと思います。

この学習活動は生徒どうしの交流を含みながらも、基本的には自分の経験を自分で振り返り、見つめ直すものでした。この項では、それを踏まえつつ、本格的に他者と交流する学習活動を進めていきます。

理解のステップ

> 自分自身の人間関係を
> 見つめ直す（前回）

↓

> 「要因ベスト3」を発表し、
> 他者と交流しあう

↓

> 自分とは異なる考え方を知って、
> 視野を広げる

⦿ ほかの人の考え方はあなたの視野を広げてくれるかも ━━━━

　ここまで、人間関係はプラスとマイナスの両面を生み出すこと、そのプラスとマイナスを分けるいろいろ要因があることを考えてきました。そして、自分なりの「要因ベスト3」を挙げてみました。

　この時間は、それぞれの「要因ベスト3」を発表し、交流しあいましょう。ここから先のワークで話されている話題は、実際の高校生たちが話していることを一部モデルにしています。みなさんのクラスでは、どんな交流になるでしょうか。自分と同じ意見も、違う意見もあるでしょう。違う意見の場合も、どうしてそう考えたのかをよく聞きましょう。結果として自分の「要因ベスト3」に変化が起こる場合もあるでしょう。どんな場合も視野が広がることは間違いありません。

　ただし、ここで一点だけ気をつけてほしいことがあります。他者の意見を尊重することはいうまでもありませんが、事実ではないことにもとづく意見、明らかな差別や他者の人権侵害の意図をもった意見に対しては、問題点を指摘することや、反論することも大切です。

ワーク 1	まわりの人の「ベスト3」を知る

自分の挙げた「ベスト3」を振り返り、ほかの人の「ベスト3」も聞きましょう。

みなさん、「ベスト3」をあげることはできましたか？　自分の挙げた「ベスト3」をほかの人たちとも話し合ってみましょう

こういうことって人に話すのはちょっと恥ずかしい。でも正解はないってことだから、思ったことを話していく感じでいいよね？

うん。わたしはね、よい人間関係を築くうえで大事なのは、難しいことは抜きにして、やっぱり「好きか嫌いか」っていうところじゃないかなって思ってる

そんなに単純なことなの？

だって、結局、友だちと一緒にいるかいないかって気が合うかどうかでしょ？

てことは、それは「感情」を大事にしてるっていうことだよね

たしかに、そもそも気が合わなければ人間関係を築こうと思っても難しいよね

では、お互いが好きだったら、必ずよい関係を築けますか？　どうでしょう？

それは … そんなことない

好きどうしでも、いっちゃいけないこととか、やっちゃいけないことはあるよね

そういう線引きがわかっていなかったり、お互いにズレがあったりすると、友だち続けるの嫌になるよね

やっぱり感情だけじゃないってことなのかも

そうだよね。価値観が合うかどうかって大事じゃない？

価値観ってたとえば何？　価値観っていうのも広くない？

自分は誠実さだと思うな。真面目かどうかってところ。約束しても守ってくれなかったり、貸したものを返してくれなかったりとかだと、いくら楽しい人でも友だち関係は続けていけないかも

みなさんの出してくれた意見のなかには「関係性」というのがありました

関係性ってどういうことだろう？

その人と自分が「タメ」かどうかってことじゃないかな？　対等かっていうこと

そうか。じゃあ部活の先輩との関係ってどうだろう？

対等じゃないっていうか、上下関係だよね

上下関係があると、思ったことはいいにくいよね

そうだよね。一番嫌だなと思うのは、力のバランスが偏っているとき。命令したりされたりとか

それわかるわかる

そういう不平等な関係性のことを、「権力関係」とか、「力の不均衡」といいます

でも上下関係がないはずの友だちどうしでも、どちらかがそういう態度をとっていたらいい人間関係とはいえないんじゃないかな

「よりよい人間関係」をつくるために … 大切にすべきことって何だろう？

ワーク 2　「よりよい人間関係」を言葉で表現する

みんなと話しあうなかで、いろんな意見があることがわかったと思います。まわりの人の意見を聞いて新しく気づいたことはありますか？　自分の言葉で「よりよい人間関係」とは何か、書き出してみましょう

よりよい人間関係とは？

自分の考える「よりよい人間関係」をつくるために大切にするべきこととは何か、言葉で表現してみましょう。

わたしは関係性が大事ってことがよくわかったな

人それぞれ大事にしてることは違うって思ったし、みんな自分と同じというわけではないんだね

だからこそ、相手のことを尊重しなければならないんだって思ったな

相手を尊重するためには、どんなことをしたらよいですか？
具体的に書けることがあれば、それも書き出してみてください

よりよい人間関係をつくるために実践すること

4 友だち関係と性
ピアプレッシャーって?

 友だちはとても大事な存在ですね。しかし、友だちとの関係はよいときばかりではないことも経験しているのではないでしょうか。たとえば、自分の本当の気持ちを我慢したり、仲間の雰囲気に流されてしまったりして、友人関係で苦しくなることはないでしょうか? これまでの友だち関係について、振り返ってみましょう。

クイズ

次の文章で適切な考え方だと思うものを選びましょう。

① SNS のフォロワーが多いほうがえらい。
② 友だちだから、いつもみんなで同じ行動をとったほうがいい。
③ 友だちのいった意見には、「そうだよね」と同調するのが普通。
④ 意見が異なり共感してくれない人は友だちではない。

■ 教員と保護者向け 伝え方のポイント

　友人関係は楽しいことばかりではありません。友だちだから仲よくしなければ、友だちに合わせなければ、という思い込みは、生徒たちを苦しめます。友だち関係も、場合によってはポジティブなものにもネガティブなものにもなることを理解する機会になるとよいでしょう。

　ネガティブな影響を受けるものの1つに、仲間からの圧力「ピアプレッシャー」（「ピア」は友人・仲間のこと）があります。特に自分がどう見られているかを意識しがちな思春期においては、ピアプレッシャーの影響を受けやすいのです。ピアプレッシャーにどのような対処ができるか考える機会とし、友人と距離を置くなどの方法をとることも可能だということを伝えます。

理解のステップ

友人関係のポジティブな面、ネガティブな面を理解する

友人と自分が、恋愛や性に関して同じ価値観を持っているわけではないことを理解する

ピアプレッシャーについて理解し、対処法を学ぶ

友だち関係って？

友人関係になるきっかけはさまざまです。趣味が同じだったり、部活が一緒だったり、家が近かったりなど、自分と共通点のある人と友だちになることもあれば、反対に共通点のない人と友だちになることもあります。たとえば、国籍が違う、年齢が違う、言語が違うなどのほか、セクシュアリティの違いもあるでしょう。お互いが違うからこそ、友人関係はわたしたちを成長させてくれることがあります。

最近は、SNS の普及により、交友関係がフォロワー数などで目に見える時代になりました。友だちは多いほうがいいと思うことがあるかもしれませんが、そんなことはありません。大事なのは自分が安心できる人、信頼できる人がいるかどうかです。友人関係においても対等な関係を築いていくことが大切だといえるでしょう。

みんなが同じではない

友人関係は楽しいことばかりではないはずです。みんなの話に同調して、同じ行動をとらなければ仲間はずれにされるかも、との思いから、自分の本当の意見をいわずに過ごすこともあると思います。恋愛や性の話をすることもあるでしょう。そんなときに大事にしてほしいのは、ジェンダーやセクシュアリティに対する考え方は、人それぞれだということです。恋愛や性の話が話題にのぼるとき、性別や性別による役割の違いについて話が進むことが多いでしょう。しかし、みんなが自分と同じ価値観をもっているとは限りません。

ピアプレッシャーとは？

友だちどうしみんなが同じ考えをもっているわけではないにもかかわらず、自分の意見をいい出しづらいことがあります。「ピアプレッシャー」という言葉を知っていますか？　これは、「仲間の圧力」ともいわれ、自分が思ってはいないこと、やりたくないことであっても、「仲間に入りたい」とか「空気を読まなきゃ」あるいは「優位に立ちたい」などの理由から、まわりに合わせてしまうこと、あるいは合わせることを強要してしまうことをいいます。

また、悪ふざけで、「早くセックスしないと」「まだ経験してないの？」などというような言葉をかけ合うこともピアプレッシャーの1つです。早く性的な経験をしないとバカにされるのでは、という焦りが性暴力につながることもあります。

● ピアプレッシャーの例

「親には嘘をついておけばいいよ」

「これができないなんてヘタレだね」

「酒なんてちょっとぐらい余裕でしょ」

「やっちゃえよ」

<table>
<tr><td>ワーク
1</td><td>恋愛について考えたり話したりしてみよう</td></tr>
</table>

① あなたなりの「辞書」をつくってみましょう。
　「恋とは」……あなたなりの説明（定義）を書いてみましょう。
　「愛とは」……あなたなりの説明（定義）を書いてみましょう。

②「恋」と「愛」の説明（定義）について、友だちと交流してみましょう。

③ 交流した結果、どのような感想をもちましたか？　メモをして、さらに交流してみましょう。

 あらためて「恋」とか「愛」とか考えたことなかったなぁ

人それぞれ考え方が全然違ってびっくりしたな

 ぼくはどれが正しいのかは決められないと思った

ここでも多様性があるんだね

「恋」でも「愛」でも一人ひとり考え方が違うって知ると、
これから友だちへの接し方が変わりそうだな

ワーク 2	ピアプレッシャーについて考えよう

① ピアプレッシャーを感じたことはありますか？

② あるとしたら、どんなときに感じましたか？

③ 友だちにピアプレッシャーをかけてしまったことはありますか？

④ あるとしたら、どうしてしてしまったのか理由を書き出してみましょう。

恋愛の話とかしてると、やっぱり、興味本意からくわしく聞いちゃう。そのときに、性的な関係になるようにすすめちゃったことはある。これもピアプレッシャーだよね？

特にピアプレッシャーだなと思う言葉を直接的にいわれることはないけど、友だちがやっていることは自分もやるのが当然って思っちゃって、そういう圧力みたいなのを感じるときはある

自分のほうがいろいろ知っているんだってことを友だちに知ってほしくて、そういう発言をしちゃうときがあるかもな

ワーク 3	ピアプレッシャーへの対処法

① これがピアプレッシャーか、と思ったとき、どうしたらいいのでしょうか。たとえば下に挙げたような言葉をいわれた場合、どう返事をしたらいいでしょうか。

② グループになって、返答例について話してみましょう。

┌ いわれる言葉 ─────

「みんなやるっていってるのにやらないの？」
「こんなことくらいできないの？　みんなやってるよ」
「ノリが悪いのがいるとおもしろくないね」
「やっちゃえよ」

→

┌ 返す言葉 ────────

5 家族も多様
世界にはどんな家族の姿があるんだろう

 家族とは何か、あらためて聞かれると、すぐには答えられない人も多いでしょう。父親がいて、母親がいて、子どもがいて、お互いが強い絆で結ばれているという家族が「普通」と考える人もいるかもしれませんが、現実にはさまざまな家族の形が存在しています。

クイズ

世界で同性婚を認めている国・地域の割合は何％でしょう。

① 1% 〜10%

② 11% 〜20%

③ 21% 〜30%

■ 教員と保護者向け　伝え方のポイント

ユネスコなどが発表した『国際セクシュアリティ教育ガイダンス』では、人間関係について学ぶことの重要性を説いており、そのなかでもはじめに扱うトピックとして「家族」を挙げています。世界にはさまざまな家族が存在し、多様性があることを、まず理解しておくことがポイントです。

また、家族について話をするとき「家族は大切にしなければならない」「家族の絆は強い」など、理想像が語られることも多くあります。しかし、そのような話に終始してしまうと、リアリティのある学びにはならないうえに、このテーマの学習を忌避する生徒も出るでしょう。現実には多様な家族があり、虐待や暴力のただなかにいる子どももいます。さまざまな家族があることを前提に話を進めていきます。

理解のステップ

```
多様な家族があることを理解する
          ↓
家族の関係性について理解する
          ↓
同性婚について考えを広げる
```

いろいろな家族のかたちがある

　日本では、祖父母も含めて多世代で暮らす家族が一般的な時代がありました。しかし、家族のかたちも多様になり、両親と子どもだけの核家族も多いだけでなく、母親と子ども、父親と子どもというシングルペアレンツの形態もめずらしくありません。さらに、父親、母親ともに再婚どうしでそれぞれの子どもと暮らすステップファミリーや、里親や養子など血縁のない人どうしの家族もいます。自分の育ってきた家族の形を「普通」とはせず、さまざまな家族の形があることを知っておく必要があります。

家族の性役割に対する価値観は人それぞれ

　性別役割（ジェンダーロール）に関する考え方は、家族からの影響を多く受けます。父親、母親の担っている役割を、小さなころから見て育つことで、それが自分のなかの基準になっていくのです。つまり、家族のなかで、ジェンダーについて学んでいくといってもいいでしょう。たとえば、「父親は仕事をし、母親は家事をする」といったような考え方がありますが、実は家族の形の一例にすぎず、そうではない家庭も多くあります。人はそれぞれ異なる家庭環境で育っており、他者は自分とは違う価値観をもっているかもしれないということに気づけることが大切です。

　また、家族は子どもに価値観を伝える存在ですが、家族メンバーのジェンダー観が自分とは異なる場合もあります。家族と意見が合わなかったとき、家族の意見よりも自分の意見を大切にできるということも覚えておきましょう。

多様な家族の一つのかたち、「同性婚」って？

　世界を見てみると、家族の形態はより多様です。日本の法律では認められていませんが、世界には同性どうしの結婚を認めている国があります。日本には同性婚を認める法律はありませんが、地方自治体によっては「パートナーシップ認定制度」を定めており、同性カップルがさまざまな行政サービスや社会的配慮を受けやすくする制度があります。しかし、この制度は婚姻制度とは根本的に異なるもので、転居によって自治体から離れてしまえば無効になってしまいます。

　同性婚を認める国が多数ある一方、同性愛を忌み嫌い、迫害する思想があるのも事実です。同性愛嫌悪は「ホモフォビア」ともよばれ、その背景には、以下のような考え方があるといわれています。

● 同性愛嫌悪の背景となる考え方

> ① 宗教上の教えに反する
> ② オスとメスが基本という自然の摂理に反する
> ③ 同性愛者どうしでは子どもができないため少子化や社会の衰退につながる
> ④ 父と母と子どもという家族像が崩れると社会の混乱を招く

①〜④の考え方は本当に根拠があるものでしょうか？　たとえば、②については自然界には雌雄同体といって、両性の生物もいれば、性別をもたない生物もいます。また、イルカやボノボなど、同性どうしで性的な接触を行う生物もいます。オスとメスが基本であることが自然の摂理である、という考え方には根拠がないものだとわかりますね

多様な家族のかたちを知ろう

イラストを見て、それぞれどんな家族か考えてみましょう。

❶

❶はお父さんとお母さんと子ども。あと犬がいるね

❷

❷はお父さんと子どもだね

❸

❸は国際結婚かな?

❹

❹はお母さんが二人いるように見える

❺

❺はおじいちゃんとおばあちゃんと孫の3人暮らし?

❻

❻は子どもがたくさんいるね!

コラム

選ばれた家族 family Chosen

　血のつながりや法において婚姻関係にはなっていなくても、家族という形をとり、支え合っている人たちがいます。「Chosen family（選ばれた家族）」とは、そのような人たちを表す言葉です。主に性的少数者の人たちで構成されることが多く、さまざまな理由からこれまでのコミュニティにいづらくなった人たちによってつくられる家族を指すこともあります。「Chosen family」は、家族は自分で選ぶことができるという考え方がもとになっています。

ワーク 2　家族をかたちづくるものって？

次の表は、家族を構成する要素です。いろいろな要素が組み合わさって、多様な家族が生まれています。グループになって、どんな家族が存在するか考えてみましょう。

構成するメンバー	親 / 実子 / 養子 / 里子 / 人種や民族の異なる家族 / 曽祖父・曽祖母 / ペット　など
親と暮らしているか	同居 / 別居 / その他
親の働き方	会社で働く / リモートワーク / 自営 / 家事を専業 / 失業中　など
家族の要素	性別 / 年齢
介護 / 看護	介護が必要な高齢者の有無 / 障害の有無 / 病気の有無 / 家族以外のサポートの有無　など
趣味	同じ場合 / 違う場合 / その他
関係性	仲がいいとき / ケンカをするとき / その他

血のつながらない家族もいるんだね

そもそも親と暮らしていない子どももいる

障害や介護で、家族以外の人が家族のように近い距離で関わっていることもあるね

関係性って多様だと思う。友だちの親と自分の親を比べると子どもへの関わり方が全然違う

家にずっと親がいたり、いなかったり、親の仕事の状態もいろいろだよね

ワーク 3　同性婚について考えよう

世界には「家族は夫と妻、父と母と子どもという姿が基本」という考え方から「同性婚はあるべき家族像を破壊し、社会の混乱を招く」として、同性婚に反対している人たちがいます。

① 本当に「家族は夫と妻、父と母と子どもという姿が基本」といえるのでしょうか。現実の家族はどうでしょうか。考えを書き出してみましょう。

② 子どもがいなくても、両親がそろっていなくても家族であることは当然なのに、同性婚はどうして認められないのでしょうか。考えを書き出してみましょう。

6 「付き合い」をめぐって
恋愛に正解や定義はあるか?

 誰かのことを好きになったら、その人とどんな人間関係をつくりたいですか? 誰かと「付き合う」って、どんな関係のことをいうのでしょうか? 自分のもっているイメージとまわりの人がもっているイメージは違うかもしれません。考えてみましょう。

クイズ

次のうち、正しいものはどれでしょう?

① 口には出さないかもしれないが、誰でも好きな異性がいる。
② 付き合ったら、キスをするのが普通のことだ。
③ キスをするときは男性から誘わなければならない。
④ 嫌われないために、好きな人のいうことを聞くのは当たり前。

■ 教員と保護者向け 伝え方のポイント

思春期になると、恋愛に関心をもち、実際に交際(「男女」交際と断定するいい方は現実を反映していません)をはじめる生徒が増えます。しかし、この分野でも個人差はあります。付き合った経験がある生徒がいる一方、誰かを好きになるという経験や、恋愛自体に関心がない生徒もいます。みんなが同じ経験や考え方をもっているわけではないことを念頭においておく必要があります。

また、恋愛経験が少ないこの時期だからこそ、生徒たちは恋愛における関係性を客観的に見ることもできます。それを生かしましょう。恋愛論は人の数だけあるといってもよく、いわゆる「正解」があるわけではありません。恋愛において対等な関係性が築けるかどうかは極めて大切な問題です。恋愛における関係性は、人権の問題にもつながります。対等で心地よい関係とはどういうものか、それをどうつくるのかを考えていきます。「道徳的な説教」で終わらせず、生徒たち自身の考えを土台に交流できる学びを目指してください。

理解のステップ

恋愛に対する
価値観の多様性を理解する

付き合うとは
具体的にどんなことかを考える

心地よい関係が何か理解する

すべて正しくない

● 「付き合う」ってなんだろう

　恋愛にルールや定義はあるでしょうか？　「付き合ってください」と告白して恋愛がはじまる場合もあれば、自然に仲が深まり付き合いがはじまることもあるでしょう。人のどこを魅力的に感じるかというのもそれぞれ違います。スポーツに真剣に取り組んでいる姿を見たとき、まわりの人への気配りや優しさを感じたとき、責任感や頼もしさを感じたときなど、何がきっかけで好きになるかも人それぞれです。

● 好きな人がいないことはおかしい？

　どういうところを好きになるか、どうやって付き合いはじめるのかは多様ですが、同じように、好きになる相手の性別にも決まりはなく、多様です。異性を好きになる人、同性を好きになる人などさまざまです。恋愛感情があれば、みんな性的行為に興味をもっているかというと、そうとは限りません。さらに、恋愛そのものにも性的な関係にも関心や興味がわかないという人もいます。それがたとえ少数の人であっても、すべて自然な性的指向です。恋愛においても人間は多様なのです。

> 前に、好きな人はいないのに誰？　としつこく
> 聞かれてすごく嫌だったことがあるな

● 性的な関係へと進んでも大丈夫？

　「手をつなぐ」「デートする」「からだにふれる」「キスをする」「セックスをする」……。付き合いをはじめた相手に身体的な接触などをを求めることは、不思議なことではありません。しかし、何を心地よく感じるか、何を望んでいるかは、人によって違います。自分の欲求や気持ちを優先させるのではなく、相手と話をして相手の気持ちを確認していく必要があります。身体接触や性的行為には必ず相手の同意が必要なのです。同意のない性的行為は性暴力です。

　また、性交同意年齢のことも知っておく必要があります。性交同意年齢とは、刑法上、性行為への同意を自分でできるとみなされる年齢のことで、日本では、16歳未満に対して性交や性的な行為を行うと、たとえ本人が同意していても相手が処罰されます。ただしこれには年齢差の要件があり、13歳以上16歳未満の場合には、相手が 5 歳以上の年齢差がある場合に限られます。

● ジェンダー規範はないか？

　恋愛関係において、「男性はリードをすべき」「女性はそれを受け入れるべき」というジェンダー規範はないでしょうか？　社会的な慣習やメディアの影響があるから、知らず知らずのうちに、付き合ううえで「男はこうしなければ」「女はこうしなければ」という考えに縛られてしまうことがあります。女らしさ、男らしさの誤った認識から、パートナーと対等の関係を築けていない場合もあります。恋愛関係はジェンダー、年齢、経済的立場、社会的地位、健康状態などの力の不平等や違いに影響を受けやすいものです。お互いが心地よい関係でいるために、自分の意思を伝え合える関係を築くことが大切だといえるでしょう。

ワーク 1	「付き合う」ってなんだろう？

①あなたは、「付き合う」とはどういうことだと思いますか。

②下の図は、ある中学校で行ったアンケートの結果です。自分の答えと比べてみましょう。

●中学生が付き合うとはどういうことですか？

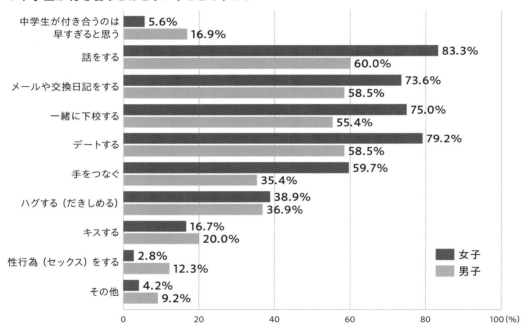

	女子	男子
中学生が付き合うのは早すぎると思う	5.6%	16.9%
話をする	83.3%	60.0%
メールや交換日記をする	73.6%	58.5%
一緒に下校する	75.0%	55.4%
デートする	79.2%	58.5%
手をつなぐ	59.7%	35.4%
ハグする（だきしめる）	38.9%	36.9%
キスする	16.7%	20.0%
性行為（セックス）をする	2.8%	12.3%
その他	4.2%	9.2%

出典：樋上典子ほか著、高橋幸子医療監修、『実践 包括的性教育―「国際セクシュアリティ教育ガイダンス」を活かす』エイデル研究所、2022年、215頁

男子と女子で、結果が違うことがわかるね。認識が違うってことなのかな

自分は〇にしたところ、絶対みんなも〇にしていると思ったけど、違う意見もあるんだなって思った

自分と相手は違う人間。「付き合っていれば当然」と思っていることが違うということがわかりますね

ワーク 2　もし断られたらどうする？

相手に交際を申し込んだり、身体接触（手をつなぐ、キス、ハグ、その他）を求めたときに、断られたら自分はどうすると思いますか。自分の選択と近いものを選んでみましょう。そのあとで、他人の考えも聞いてみましょう。

① 相手が受け入れるまで、何回も繰り返しあきらめずに求め続ける。
② 自分の求めに応じない理由を、自分が納得いくまで聞き出す。
③ なぜ応じてくれないのか、相手が話してくれるなら聞く。
④ きっと自分のことを嫌いだからだろうと推測してあきらめる。
⑤ きっともう付き合っている相手がいるからだろうと推測してあきらめる。
⑥ 自分への感情と、求めを受け入れるか受け入れないかは別問題だと考え、相手の気持ちを聞いてみる。
⑦ 自分の求めに応じないことへの不満や恨みを相手に投げつけて去る。

 わたしは④だと思うけど、実際にそうなってみないとわからないな

 前に、付き合ってといわれて断ったときに強い言葉で文句をいわれたことがあるな

 ③かな。理由を教えてもらえないと納得できないと思うから

断られるってとても悲しいけど、交際するには双方の同意が必要なものですよね

ワーク 3　もし別れを告げられたら？

付き合っている相手から別れを告げられることがあります。自分はどうすると思いますか。自分の選択と近いものを選んでみましょう。そのあとで、他人の考えも聞いてみましょう。

① ちゃんと自分を納得させるだけの理由なのかどうか、相手に問いただす。
② 自分が納得いかなければ別れを受け入れない、と相手に告げる。
③ 一応聞くけれど、あきらめないで説得すれば相手の考えを変えられるかもしれないので、繰り返し説得しようとする。
④ 自分が別れを受け入れるか受け入れないかは理由しだいだと考える。
⑤ 付き合いは一方がやめるといった時点で終わるものだと考える。

 うーん、とてもつらいからがんばって説得しようと思ってしまうかもしれない

わたしは⑤かな。きっぱりあきらめるよ

相手に理由を問いただしても、双方の同意がなくなったってことはもう無理なんじゃないかな？

恋愛だとおちいってしまう「カン違い」とは？
デートDVを考える

せっかく好きどうしで付き合いはじめたのに、「好きだから」「付き合っているから」という理由で、パートナーを傷つけるような行動をしていないでしょうか？　ほかの人にはしないのに、交際相手にはしてしまう「恋愛のカン違い」。それはどんなことでしょうか？

クイズ

恋愛関係になったら、してもいいと思うことはどれでしょう？

① パートナーの髪型や服装のセンスがいまいちだから、変えるようにいう。
② LINEで今何をしてるのか何度も確認する。
③ パートナーに予定がありそうだったけど、自分との約束を優先してもらった。
④ キスをしたこともあるけど、今日はしたくなかったので断った。
⑤ 異性の友だちと仲よさそうにしているのを見るのが嫌だから、「もう話さないで」と伝えた。

■ 教員と保護者向け　伝え方のポイント

　束縛する、束縛されるという関係性は、恋愛関係でよく見られます。束縛することが恋愛だと思い込んでいる場合もあります。ふだんの人間関係では何かを一緒にするとき、同意や合意を得ているのに、恋愛関係だとそうではなくなってしまうことがあります。

　未成年間での、交際関係にある恋愛、交際関係にある人の暴力（デートDV）が問題となっています。付き合いの経験が少ないゆえに、本人たちが加害者、被害者であるという自覚がない場合も多くあります。デートDVがなぜ起こるのかは、この恋愛における「思い込み」や「カン違い」が原因であることが多々あります。人と付き合ううえでどんなことに気を配らなければいけないのかを考える機会にしていきます。

理解のステップ

恋愛におけるカン違いに気づく

デートDVとは何かを知る

恋愛関係で
気をつけることを考える

恋愛のカン違い

　「付き合っている人のスマホに登録してある異性の連絡先は全部消してほしい」「自分との約束を一番に考えてほしい」。付き合っている人に対して、あるいは誰かと付き合ったとして、こんな考えをもつことはないでしょうか。好きだから、付き合っているのだから、という理由から、相手に過度の要求をしたり、束縛したりすることがあります。もちろん、お互いが納得のうえで行動している場合もあるかもしれません。しかし、それは本当にお互いが心地いいと思える関係でしょうか。恋愛関係になると、普段の人間関係ではしないような行動をしてしまうことがあります。これは恋愛に対してもっている「思い込み」や「カン違い」が原因となっているといえるでしょう。

デート DV って何？

　デート DV という言葉を聞いたことはありますか？　DV（ドメスティック・バイオレンス）とは家族、配偶者、恋人などの親密な関係性において振るわれる暴力のことをいいますが、デート DV とは「恋愛・交際関係にある人の間での DV」のことをいいます。

● デート DV の具体例

身体的暴力

- なぐる
- ける
- 物を投げつける
- 刃物などを突き付ける
- 髪を引っ張る
- つばをはく
- かむ
- 突き飛ばす
- 平手で顔を叩く
- 熱湯やタバコなどでやけどさせる
- ものを壊したり大きな音をたてる

など

心理的（精神的）暴力

- 人格を否定するような暴言を吐く
- 大声でどなる、ののしる
- 何をいっても無視する
- 服装を細かくチェックする
- 別れたら自殺するといっておどす
- すぐに返事をしないと怒る・不機嫌になる
- 秘密をばらすといっておどす
- 子どもやペットに危害を加えるといっておどす

など

経済的暴力

- デート費用など、いつもおごらせる
- お金を返さない
- プレゼントを無理矢理買わせる

など

性的暴力

- 嫌なのにからだをさわってくる
- 無理矢理セックス・キスなどの性的な行為をする
- 避妊しない
- 見たくないのにアダルトビデオ（AV）や雑誌を見せる・まねさせる
- 性的なからだの部分についてひどいことをいう
- 性行為をさせないと不機嫌になる

など

社会的暴力（デジタル暴力とよぶこともある）

- 友人関係を制限して孤立させる
- しょっちゅう LINE や電話をして行動を監視する
- スマホを勝手にチェックする

など

どんな間柄でも嫌なことは断っていい

　「恋愛関係であれば、こういうことをするべき」「前に OK だったから、次も OK に違いない」。こうした思い込みやカン違いから、相手が嫌がっていることをしてしまったり、逆に嫌だけど我慢をしたりしていませんか。どんな間柄であっても自己と他人の間にはバウンダリー（境界）があり、それを越えてもいいかどうかを決めるのは自分だけです。付き合っていて、前は OK だといったとしても、今は嫌だと思ったら断っていいのです（→くわしくは 3 章）。

ワーク 1 デート DV について考えよう　ケース①

① 次のケースを読み、考えを書き出してみましょう。
② グループになって意見を交換してみましょう。

ケース 1

> 付き合って3か月になる彼女がいます。彼女のことは好きですが、いろいろな要求をされて、つらい気持ちになることがあります。先日は LINE に入っている女性の連絡先を全部消してといわれました。デートのときも、彼女が指定した服を着ていかないと、不機嫌になります。嫌だけど、それだけ自分のことが好きなんだろう、付き合っているんだから仕方がないなと思い、従うようにしています。

話し合いのポイント

- 付き合っている人であれば、どんな要求をしてもよいのでしょうか？
- 恋愛に束縛はつきものなのでしょうか？

付き合うって、特別な関係になるってことだよね。だから、どうしても自分だけを見てほしいって思うんじゃないかな

連絡先を消してっていうのはやりすぎ。自分の要求ばかりで、相手のことを考えていないよ

こんな苦しい気持ちになるくらいなら、誰とも付き合いたくないな

でも、これってよく聞く話じゃない？　束縛が DV になるとは思わなかった

ワーク 2 デート DV について考えよう　ケース②

① 次のケースを読み、考えを書き出してみましょう。
② グループになって意見を交換してみましょう。

ケース 2

> わたしの友だちは、彼氏から DV を受けています。束縛もひどいし、暴言を吐かれることはしょっちゅう。ときには手を出されたことまであるみたいです。そんな相手なら早く別れればいいのに、いくらいっても「そうだよね」というばかりで別れる気配がありません。放っていたらよいのでしょうか。

話し合いのポイント

- なぜアドバイスは聞き入れてもらえないのでしょうか。
- 聞き入れない友人に対して、どんな気持ちが芽生えるでしょうか。

別れることがこわいんじゃないかな

仕返しをされたりとか、どうせ別れてくれないだろうとか？

何度、別れるように説得しても聞き入れないなら、だんだんイライラしてくる。なんでわからないの？　って

それじゃ、被害者を余計に責めていることにならないかな

DV 被害の背景には、加害者と被害者が依存し合う、共依存関係になっている事情など、複雑なものがあります。未成年どうしでは解決が難しいことがあります。信頼できる大人や専門の相談窓口に相談するのも方法の1つです

| ワーク 3 | 恋愛による「カン違い」テスト |

① 下の記述に「その通り」だと思ったら〇、「まあそうかな」と思ったら△、「違う」と思ったら✕をつけましょう。

	1	深く愛し合っていれば、お互いの気持ちがわかるはずだ。
	2	付き合っているのだから、いつもメールや電話でお互いの行動を把握するべきだ。
	3	恋人どうしの約束事は何より優先するものだ。
	4	付き合っているなら、相手の携帯電話を勝手に見たりデータを消したりしてもかまわない。
	5	暴力を振るわれるのは、振るわれるほうに原因がある。
	6	愛されるためには、相手の期待にこたえなくてはならない。
	7	A が B に対して、自分以外の誰かと話すのを禁止しているのは、それだけ B のことを愛しているからだ。
	8	A が B の髪形や服装に注文をつけるのは、それだけ B を愛しているからだ。
	9	多少相手が嫌がっていても、付き合っているのだし、愛していれば、セックスしてもいい。
	10	セックスする関係なら、相手はもう自分のものだ。
	11	自分が望んでもいないのにセックスする人なんていない。
	12	A からの別れ話に B が「別れるなら死んでやる」といい出すのは、それくらい A を愛しているからだ。

② 自分の回答を見直してみましょう。〇が多い人ほど「カン違い度」が高いといえます。自分の回答結果を見て思ったことを書き出してみましょう。

> いずれも恋愛による「カン違い」ですが、11番の「自分が望んでもいないのにセックスをする人なんていない」は、明らかに正しくないことを知っておきましょう。レイプなどがあるからです。ここは✕が正解です

コラム

デートDVの被害者は女性？

　大阪府の高校生グループが府内の1,000人の中高生に、デート DV に関する調査を行いました。この調査では、男性生徒の3割以上が、交際相手の女性から暴力や暴言を受けて傷ついたと回答しました。これは、交際相手から暴力や暴言を受けて傷ついたと回答した女性生徒の倍にあたる人数です。「死ね、デブといった暴言を吐かれても好きだから別れられない」「叩かれても男だから我慢しなければと思う」「LINE の連絡先を削除するように求められる」といったことが回答されています。デート DV は性別に関係なく、考えなくてはならない問題です。

第3章　からだの権利と安全の確保

1 性的な関係もいろいろ
人間はどういう理由で性的な関係をもつのか?

> ここからの内容は、暴力に関する記述があります。つらかったり、参加したくない場合は休んでも大丈夫です(途中で抜けてもかまいません)。授業のあとは深呼吸をして、休息をとりましょう。

 好きな人に対して性的な感情をもったり、性的な関係をもちたいと思うことは自然なことです。それでは、わたしたちはどのような理由から性的な関係をもっているのでしょう。あらためて、人間と性的な関係について考えてみましょう。

クイズ

付き合ったら、セックスをするのが当たり前?

① 付き合ったら、セックスをするのは当たり前。
② 付き合っても、セックスするとは限らないし、ポジティブな理由からセックスをするとも限らない。

■ 教員と保護者向け　伝え方のポイント

　性行動は、本来、有害なものでも危険なものでもありません。わたしたちが生きていくうえで、大切な行為です。しかしながら、ときに性行動が暴力などと結びつき、ネガティブなものになってしまうことがあるという事実に着目します。

　どのような場合であればポジティブな関係となり、反対にどのような場合であればネガティブなものとなってしまうのか。性の問題は、人権とも分かちがたい一面をもっています。まずは、人間にとっての性行動、性的関係をもつことの意味や理由をあらためて考える必要があります。そのうえで、性と人権について考える機会となればよいでしょう。

理解のステップ

> 性的な関係とは何かを理解する

> なぜ性的な関係をもつのか。
> ポジティブな面とネガティブな面が
> あることを理解する

> 性は人権と深く結びついて
> いることを理解する

性的な関係ってどういうことだろう？

「性的な関係」というとき、具体的にはどのような関係をいうのでしょうか。ここで一度、整理してみましょう。いわゆる「性行動」と呼ばれるものが、もっとも広い概念といえるでしょう。性行動は性的欲求にもとづいて、対象となる相手との間に交わされる行動であり、そのなかに「性交」や「性行為」が含まれるといえます。「性的接触」は「性行為」とほぼ同じ意味で使われます。

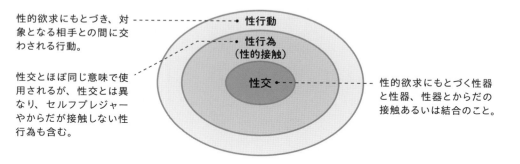

性的欲求にもとづき、対象となる相手との間に交わされる行動。……→ **性行動**

→ **性行為（性的接触）**

性交とほぼ同じ意味で使用されるが、性交とは異なり、セルフプレジャーやからだが接触しない性行為も含む。

性交

性的欲求にもとづく性器と性器、器官とからだの接触あるいは結合のこと。

性的な関係の2つの面

わたしたちが自分のからだを通して他者と親しい関係になり、性行動を通して楽しみや喜びを得ることは、人として自然なことであるといえます。パートナーと合意のうえでされる性行動は、健康的で喜びのある人間の営みといえるでしょう。

しかし、実際には、そうではない性的関係が存在しているのも事実です。愛情にもとづくふれあいを求めるという理由からではなく、お金のため、あるいは、暴力や支配の手段としての性行為、さらに、自分の意思とは違う、同意のない性的行為（＝性暴力）はポジティブな性的関係とはいえません。

バウンダリー（境界）は時間・場所・関係性で変わる

わたしたちは、自分のからだに「バウンダリー（境界）」をもっています。性的な関係を結ぶとき、お互いのその境界は一時的に「ないもの」にされています。だから、同意がないまま行われる性行動は、相手を傷つける暴力になってしまうのです。

バウンダリーは誰に対しても同じものではありません。また、同じ相手に対してもいつも同じとは限りません。「二人きりのときには髪の毛をさわられてもいいけど、電車のなかでは嫌だ」のように、バウンダリーは時間や場所によっても変化します。ですから、同意・合意はそのつど必要です。

● バウンダリーは、時間・場所・関係性で変化する

図書館で頭をなでられるのはほかの人の目線が気になるな……

ほかの人がいるときはさわられたくない

二人きりのときはくっついていたいなぁ

満員電車の中って境界なんてなくなるね

ぜったいいっしょにいたくない人がいる

人間が性的な関係をもつ理由を考えよう

① わたしたちはどんな理由から性的な関係をもつのか、書き出してみましょう。
② 書き出したものはポジティブなものでしょうか、ネガティブなものでしょうか。

ポジティブな理由

ネガティブな理由

性行動は自然なことで
しょ？ ネガティブな理
由なんてあるのかな

ポジティブな理由だけと
はいえないんじゃないか
な。「お金のため」なん
かはどう考えたらいいの
かなぁ

性暴力のニュースも毎
日のように見るね

愛情の確認やコミュニ
ケーションのためなどの
性的な関係はポジティ
ブなものといえるよね

ポジティブな理由だけ
でなく、暴力や相手を
支配するための手段と
いった、ネガティブな
理由もあることがわかり
ましたね

コラム

性行動とは？ 身体の接触がない性行動とは？

　性行動というと、身体接触をともなうものだけと考えられがちです。しかし、性行動には身体の接触をともなわないものもあることを知る必要があります。
　具体的には、性的な言葉を投げかけることや身体や性器を見る、あるいは見られることも性行動に含まれます。ほかにも性的な映像を視聴する（させる）ことや、性行為や性器その他の身体の映像を記録する（される）ことなども、人の心に性的な影響を与えるため、性行動としてとらえる必要があるのです。

性的な関係もいろいろ…人間はどういう理由で性的な関係をもつのか？

ワーク 2　バウンダリーについて考えよう

次のイラストはからだの境界（バウンダリー）を表しています。

  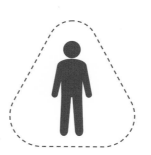

バウンダリーのイメージも人それぞれです

① どんなときにバウンダリーが侵されて嫌だと感じるでしょうか。書き出してみましょう。

他人と自分との距離感みたいなことだよね

いい関係が築けているなら、嫌じゃないことが多いんじゃない？

② バウンダリーについての自分のルールは相手のルールと同じでしょうか。

関係が築けていない場合、距離は取りたいのが当たり前

バウンダリーとは、自分が大丈夫と思うことと、嫌だと拒否することとの境目といえます

付き合っていたって、バウンダリーのルールって、2人が同じとは限らないよね

③ 付き合っていればバウンダリーを侵してもよいのでしょうか。

いくら好きどうしでも、距離の取り方って人によって違うからね

人によっても時と場合によっても変わるもの。バウンダリーのルールは自分で決めていいんですよ

2 「からだの権利」って?
どんなことが守られるのかを知ろう

 前項では、人間が性的な関係をもつ理由を考えました。実際に性的な関係をもつ前に、わたしたちの「からだの権利」について知っておく必要があります。

クイズ

次のうち、正しいものを選んでください。

① からだは自分だけの器官であり、誰かが勝手にさわることは許されない。
② 未成年のからだの権利は、親にある。
③ 心とからだに不安や心配があるときには、相談できるところがあり、サポートを受けることができる。
④ いつ誰とどこで性的な関係をもつかは、自分で決められる。
⑤ 誰も子どもを産むことを強要することはできない。

■ 教員と保護者向け　伝え方のポイント

　「からだの権利」は、教員にも生徒にもあまりなじみのない言葉だと思います。この言葉は、2020年に発表された『改訂版国際セクシュアリティ教育ガイダンス』に登場してから、広く知られるようになりました。同書には、直接的な「からだの権利」についての直接的な解説はありませんが、「暴力と安全確保」という学習領域全体がその内容を示しているとも考えられ、以下の4項目にまとめられます。①自分のからだについて「学んで知る権利」②バウンダリーを超える身体接触における「自己決定の権利」③「プライバシーの権利」と「からだの保全の権利」④性的な関係における「同意の不可欠性」。以上をみると、「からだの権利」とは人権そのものといえます。まずは、「からだの権利」とはどういうことかを学び、そのうえで、他者との関係において、正しい意思決定のために何が大切かを考えていきます。

理解のステップ

「からだの権利」とは何かを知る

↓

「からだの権利」では、どのようなことが守られるのか理解する

↓

自分の性的意思決定について考える

●「からだの権利」とは？

　わたしたちは誰でも、「からだの権利」を一人ひとりもっています。聞きなれない言葉だと思いますが、これは次の内容から成り立っています。

> ### からだの保全
> （Bodily Integrity：からだの統合性）
>
> 個人のプライバシーが守られ、誰からも侵害されていない状態を示す。

> ### からだの自己決定権
> （Bodily Autonomy：からだの自律性）
>
> 自分のからだと将来について、自分自身が選択する権利。具体的には、いつ誰とどこで性的な関係をもつか、あるいはもたないか、子どもを産むかどうかなどを、自分で選ぶことができるということ。

● 自分がからだの主人公

　からだにはバウンダリー（境界）があることを前項で学びました。その境界を越える身体的な接触を許すかどうかは、自分だけが決める権利をもっています。
　ほかにも、誰と性的な関係をもつかを他人に決められることがあってはならないし、同意や合意のない性的関係をもつ必要はない、ということも知っておくべきでしょう。当たり前のことですが、個人のプライバシーが守られることも、「からだの権利」には含まれています。
　「からだの権利」をまとめていうと、「自分のからだは自分自身そのものであり、自分こそが自分のからだの主人公である」という考え方だといえるでしょう。

● 自分の意思決定をするために

　自分には「からだの権利」があり、自分こそが自分のからだの主人公だと自覚していれば、自分らしい性的意思決定をしていくことができます。自分が嫌だと感じることはどんな状況であれ、「ノー」という権利があるのです。
　また、自分に「からだの権利」があるのと同様に、相手にも「からだの権利」があり、その権利は守られなければならないことを理解していれば、差別や強制、暴力のない関係を築いていくことができます。性に関して責任ある行動をとるためにも、「からだの権利」を理解しておくことは大切です。

付き合っていても、バウンダリーを侵害されたら嫌といっていいって、前の項で学んだね

そうです。たとえ付き合っていても、親でも、目上の人でもあなたのからだを侵害してはなりません

2

「からだの権利」って？‥‥どんなことが守られるのかを知ろう

「からだの権利」の中身を検討しよう

次の文章は、ある研究者が「からだの権利」の内容を6つの項目に整理したものです。

① この6項目を読んで、それぞれが「実現できない」状況とは具体的にはどのような状況なのか考えてみましょう。

② グループで意見を交換してみましょう。

「からだの権利」の具体的な内容

(1) からだのそれぞれの器官・パーツの名前や機能について十分に学ぶことができる。

(2) 誰もが自分のからだのどこを、どのようにふれるかを決めることができる。

(3) からだは自分だけの器官であり、誰かが勝手にさわることはゆるされない。

(4) からだが清潔に保たれて、ケガや病気になったときには治療を受けることができる。

(5) こころとからだに不安や心配があるときには、相談できるところがあり、サポートを受けることができる。

(6) (1) から (5) までのことが実現できていないときは、「やってください」「やめてください!」と主張することができる。

出典：浅井春夫・艮香織編『からだの権利教育入門』子どもの未来社、2022年

「からだの権利が実現できない状況」って？

自分のからだについて何も教えてもらえない状況ってこと？

自分のからだにさわられるかどうか、自分では何もいえないってこと？

誰かが自分のからだに勝手にさわったりするってこと？

誰にもサポートしてもらえない状況ってこと？

ワーク 2　こんなケースはどうしたらいい？

次のケースについて考えてみましょう。

●部活のコーチの指導：スクールセクハラの例

> フォームを直すという理由でコーチに、からだをさわられることがよくあります。とても嫌ですが、コーチだから嫌とはいえず、我慢しています。

① コーチの行動をどう考えますか？

②「コーチだから嫌とはいえないで我慢している」という相談者の行動をどう考えますか。

> 「からだの権利」には「やめてください!」と主張できるってあったよ

> 相手がコーチで立場が上の人だからなかなかいえないな……

③ どのように対処したらよいか、書き出してみましょう。

> 指導だからっていう理由をいわれたら嫌とはいえないかも

> でも嫌な気持ちになっているのは事実でしょ?

> 大切なのは、何をされていて、されている人がどう感じるかです。相手や理由は関係ありません。されている人が嫌だと感じれば、「No」という権利がありますよ

3 暴力ってなんだろう?
暴力は人から何を奪うのか

 なぐったり、けったりすることだけが暴力でしょうか?　暴力とはどういうことかを考えましょう。また、暴力は人から何を奪っていくのかを考えていきましょう。

クイズ

暴力について書いている次の内容は正しいでしょうか?　間違いでしょうか?
○×で答えてください。

① 直接からだを傷つけることだけが暴力だ
② 大声でどなりつけることは暴力だ
③ 恋人どうしならなぐっても暴力とはいわない
④ 社会ではどんな暴力も認められていない

■ 教員と保護者向け　伝え方のポイント

　まず、暴力とは何かについて考えます。なぐる、けるだけが暴力と考えられがちですが、暴力は心身を傷つけることであるとあらためて確認していきます。

　授業を通して、「心身を傷つける」というのがどういうことかをより深く考えていきます。暴力が「何を奪うのか」が、その際の大切な問いになります。

　また具体的なケースを挙げ、暴力はけっして他人事ではなく、自分も加害者・被害者になりうることを考えます。まわりの人とよい人間関係が築けているか振り返るきっかけにできるとよいでしょう。

理解のステップ

> 暴力にはどのようなものが
> あるか理解する

↓

> 暴力のある関係が人から何を
> 奪ってしまうのかを考える

↓

> 同意がないものは暴力だと理解し、
> 自分の人間関係を振り返る

答え　①× ②○ ③× ④○

暴力ってなんだろう？

　暴力というと、なぐったり、けったり、叩いたりなど、からだを傷つける行為を思い浮かべるかもしれません。しかし、暴力はそれだけではありません。からだだけでなく、心を傷つけることも含まれています。たとえば、人を脅していうことを聞かせたり、傷つくような言葉を投げかけたりすることは、からだへの暴力と同じように心への暴力であるといえます。

身体的な暴力	精神的暴力	経済的暴力	性的暴力	社会的暴力
• なぐる • ける • 突き飛ばす 　　　　　など	• 心に対する暴力 • 大声で怒鳴る • 傷つくことをいう • 見下す • 脅す 　　　　　など	• 生活費を渡さない • お金を一方的に払わせる 　　　　　など	• 性的行為を強要する • 許可なく性行為を撮影する 　　　　　など	• スマートフォンをチェックする • 家族や友人へ連絡をとるなどの行動を制限する 　　　　　など

暴力は人から何を奪うのか

　ノルウェーの平和学者、ガルトゥングは、暴力とは、「人間が潜在的にもつ可能性の実現の障害」と述べました。簡単にいいかえると、「暴力は人間から可能性を奪うもの」ということです。
　たえず暴力を振るわれたり、脅かされたりしていたら、どうなってしまうでしょう。自分の思ったことも口にできず、相手のいう通りにするしかなくなってしまうでしょう。
　そのような状況で過ごしていれば、人と関わり合うことが嫌になり、自尊心や自己肯定感も薄れ、何かに前向きに取り組むエネルギーもなくなっていくかもしれません。暴力が人からどれほどの可能性を奪ってしまうのか、あらためて考えてみる必要があります。

同意・合意と暴力

　暴力は特別な誰かの問題ではありません。誰もが加害者にも被害者にもなる可能性があります。身近な人間関係を考えてみましょう。誰かと一緒に何かをするとき、お互いの同意や合意は欠かせません。しかし、普段はそれを大切にしているのに、同意や合意を踏みにじってしまうことがあります。それは、対等でない人間関係や、恋愛による勘違いがあるときや、ほかの人の目の届かない閉じた人間関係で起こりやすいといえます。見直してみましょう。

● 同意・合意の意味の違い

同意とは
相手の意見に賛成の意を表すこと。どちらか一方からの意見表明がある状況、意志のベクトルは片方からという状況をイメージするとよい。

合意とは
それぞれの意見・意思が一致すること。ベクトルはそれぞれからで、それが一つに集約されるイメージ。それぞれが対等な立場で意見を出し合い、それぞれが納得すれば合意したといえる。一方の意見にもう一方が受け身的に賛成しているなら合意とはいえず、同意になる。

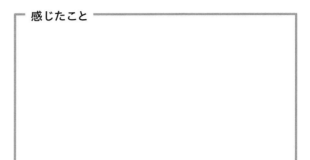

ワーク 1 身近にある暴力を知ろう

次のイラストは、身近に潜む暴力の例です。
このようなことをずっとされている人は、何をなくしていってしまうでしょう。書き出してみましょう。

ケース 1

いう通りにしないと怒るよ

感じたこと

ケース 2

スマホチェックするよ

感じたこと

ケース 3

なんでこんなこともできないの？頭がおかしいんじゃない？

感じたこと

ケース 4

一緒に遊べないから部活やめて

感じたこと

ワーク	
2	**「暴力は何を奪うのか」について話し合ってみよう**

① ワーク1のケース1〜4の状況をみて、やっている側の人は、相手からどんなものを奪っているのでしょうか。話し合ってみましょう。

② やられている方の人は、何を失っていると思いましたか。話し合ってみましょう。

 やられた人が嫌な気持ちになっているのは間違いない。奪われてるものって何だろう？

その人の気持ちにフォーカスして考えてみてください

 気持ちの部分でいえば、何かにワクワクする気持ちとか、やる気とかそういうポジティブな気持ちかな？

自分を大事にするより、人を優先してしまっているから、プライドとか自尊心もなくしているよね

 優しくない関係性のなかにいると、自分もどんどん嫌な性格になっていきそう

嫌だっていえない状況が続くと、どんどん人に意見がいえない、無抵抗な性格になっていってしまう気がする

 人間からこれだけのものを奪う行為は、十分暴力といえますね

4 性暴力と性的行為
その違いはどんなことか考えてみよう

これまで、人間はさまざまな理由から性的な関係を結ぶことを学んできました。また、性的な関係においてもそうでない関係においてもバウンダリー（境界）の侵犯が「からだの権利」を侵害する暴力となることも学びました。これから、性と暴力についてもう一歩深く学んでいきましょう。

クイズ

次の記述は正しいでしょうか？ 誤りでしょうか？ ○×で答えてください。

① 付き合っているカップルや夫婦の間には性暴力はない。
② 電車などで痴漢にあった人は、みんな露出の多い服装をしていた。
③ 性暴力は見知らぬ人から受けるのが大多数だ。

■ 教員と保護者向け　伝え方のポイント

同意がないまま行われる性的行為は、すべて性暴力です。「同意する」「合意する」とはどういうことなのか、同意・合意を大切にするためには何が必要なのかを学んでいきます。

性暴力は「特別な人」の問題ではなく、誰もが関わる可能性があります。

特に10代の若い世代が性暴力の被害にあうことは多く、また、加害者が面識のある人物であるケースも数多くあります。

被害にあわないようにするために知識を深めることはもちろんですが、自分自身も加害者になってしまう可能性にも認識を広げます。

理解のステップ

性暴力と性的行為の違いを理解する

↓

性的同意・合意の大切さを理解する

↓

状況によっては、自分が加害者になりうることを理解する

答え　①× ②× ③×

● 同意・合意のない性的行為はすべて性暴力

　わたしたちは、いつ、どこで、誰とどのような性的関係をもつか、あるいはもたないかを自分で決めることができます。性的行為は他人に強制されることではありません。「からだの権利」を尊重するなら、相手のからだにさわったり、性的な接触をする前には、必ず相手の同意を得て合意する必要があります。逆にいえば、同意・合意のない性的行為は、すべて性暴力といえるのです。

● 加害者は身近な人が多い

　内閣府の調査（2020年）によれば、むりやり性交をされたことがある人のうち、被害にあった年齢は10代以下が最も多くなっています。また加害者との関係は、面識のある人である場合が大多数となっています。これらのデータから、性暴力はわたしたちの身近な生活のなかに存在していることがわかります。

●被害者の年齢

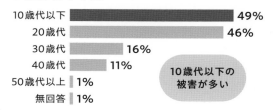

10歳代以下	49%
20歳代	46%
30歳代	16%
40歳代	11%
50歳代以上	1%
無回答	1%

10歳代以下の被害が多い

●加害者との関係

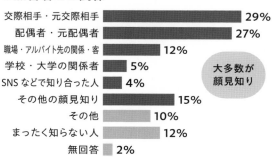

交際相手・元交際相手	29%
配偶者・元配偶者	27%
職場・アルバイト先の関係・客	12%
学校・大学の関係者	5%
SNSなどで知り合った人	4%
その他の顔見知り	15%
その他	10%
まったく知らない人	12%
無回答	2%

大多数が顔見知り

出典：内閣府「男女共同参画白書（令和4年版）」をもとに作成

● 「YES」以外は同意ではない

　「YES」以外に同意はないということが大切なポイントです。表情・行動などによるあいまいな対応を「YES」と勝手に見なすのではなく、はっきりと言葉で同意を得て合意することが必要です。
　特に気をつけなければいけないのは、過去に同意・合意があったとしても、毎回同意・合意があるとは限らないということです。相手の気持ちは聞いてみないとわからないため、お互いが積極的にしたいと望んでいるかどうか、ていねいにコミュニケーションをとる必要があります。同意を得て合意するために必要なポイントをみてみましょう。

非強制性 ・NOといえる状況か	× お酒で酔いが回っており、正しい判断ができないときやはっきり意思表示ができないときに性的同意を迫る × 一方的に「悪いと思うならいうことを聞くべきだ」といった条件を押しつけてくる
対等性 ・断りにくい上下関係はないか	× アルバイト先の店長などお金を払う側で、生活の維持に影響を及ぼす立場にいる人 × 先生やコーチといった、自分を評価する立場にいる人 × 顔を合わせる頻度が多いため、断るといづらくなってしまう立場にいる人
非継続性 ・1回目がYESでも2回目がYESとは限らない。キスしたから、その先もYESとは限らない	× キスをしたことがあるが、家に遊びに行ったら当然のように性的行為を求められた × セックスには同意したが、避妊具をつけないで行為をしようとしたため、Noといったが行為をやめてくれなかった

（右欄・縦書き）
4
性暴力と性的行為…その違いはどんなことか考えてみよう

ワーク 1	性暴力とは何か、自分の言葉で考えよう

. . . .

① 次の文章は性暴力について説明した文章です。AとBの文章を読み、比較してみましょう。

②「性暴力」を自分の言葉で説明してみましょう。

A	ある辞書では、性暴力を次のように説明しています。 「主に女性や幼児に対する、強姦や性的ないたずら、セクシャル・ハラスメントなどの暴力的行為」 （岩波書店『広辞苑』）
B	性暴力被害者支援のNPO法人「しあわせなみだ」は、性暴力を次のように説明しています。 「被害にあった人が、その行為を強制されたものと感じるとき、望まなかったものと感じるとき、たとえ拒まなかったとしても、混乱し、嫌悪・恐怖・罪悪感などを経験した性的な体験であったと感じるとき、これを『性暴力』と呼ぶ。」

性暴力とは何か？　あなたの説明を書きましょう。

ワーク 2	「同意」についての認識をチェック！

. . . .

① 次のそれぞれの文章を読み、正しいと思うものにチェックを入れてください。

② グループになって、意見を交換してみましょう。

✓Check!

	キスしてもいいという人は、性行為にも同意している。
	相手が性行為を拒否していないなら性行為をしてもいい。
	交際しているんだから性行為するのは当たり前だ。
	一度性行為の同意を取ったら、その後はいちいち性行為への同意を取る必要はない。
	家に泊まるのは性行為に同意しているサインだ。
	性行為が本当にイヤなら激しく抵抗するはずだ。そうしないのは同意しているサインだ。
	DJがいて一晩中おどれるクラブに来ている人は、そこで出会った人と性行為があっても当然だと覚悟しているはずだ。

出典：水野哲夫『授業で使える「命の安全教育」』子どもの未来社、2023年、49頁

恋人どうしであれば、キスとか、性行為の同意を得る必要はないって思ってたな

実際、一度、そういうことがあったんなら、いちいち毎回同意を得るのってめんどうだし、変じゃない……？

でも、いくら付き合っていても、断れない関係性って嫌だよ

夜遊びとかしている人って性行為を簡単にしそうなイメージは、正直あるな

派手めな服を着ていると、「こいつは軽いやつ」みたいな目で見られることはあるけど、服装で決めつけられるのは嫌だな

ワーク3 性的同意がうまく得られない理由とは？

性的な関係をもつときに、お互いが言葉で同意を得ておらず、合意していないケースが数多くあります。その理由を考えます。

① 求める（求めた）側と求められる（求められた）側それぞれの立場に立って、言葉で合意をとらない理由を考え、書き出してみましょう。
② 書き出したことを踏まえ、どのようなことを大事にコミュニケーションを取ればよいか、自分なりの意見を書き出してみましょう。

同意・合意がうまくいかない理由

求める側

（例）
- 少し強引なほうがかっこいいだろう
- 言葉で同意は得られていないが、本当は喜んでいるのだろう
- 言葉で嫌といわれたら傷つくな

求められる側

（例）
- 嫌だといったら嫌われるかもしれない
- 付き合っているんだから、受け入れなければいけないのかな……
- 前はいいよっていっちゃったし、断れないな……

気をつけたいこと

 そもそも、そういう行為のことを言葉に出していうのが嫌だな。恥ずかしい

わたしもハッキリ自分の意見をいうのが苦手。顔色をうかがっちゃう

 確かに断って気まずくなるのは嫌だよね

求められたときに「No」ということは、相手を否定しているわけでも嫌いになったわけでもないことを理解する必要がありますね

 でも、嫌われたんじゃないかと思い込む人はいるよね。付き合いのなかでの信頼関係ができているかどうかは大事だよね

あと、男から誘うものだと思っている人多いよね

 男性がリードし、女性はそれを受け入れるというのが「普通」だと思っている人もいますね。そのようなジェンダーバイアスも、同意のない性的行為の要因になっています

法律と性
未成年者の性的行為、性交同意年齢、性犯罪

同意のない性的行為は、すべて性暴力となることを学びました。性暴力について法律はどうなっているのでしょうか？　性行為は何歳から認められているのでしょうか？　性と法律について正しい知識をもちましょう。

クイズ

性交同意年齢は何歳でしょう？

① 　13歳
② 　14歳
③ 　15歳
④ 　16歳
⑤ 　17歳
⑥ 　18歳

■ 教員と保護者向け　伝え方のポイント

　人間の性行動・性的行為は社会のあり方と深く関わる問題のため、法律による数多くの規定があります。性暴力を性犯罪として処罰する法律もあります。性に関わる法律の大切なポイントを学び、基本的な知識がもてるようにします。

　刑法の性犯罪規定は、2017年に110年ぶりに改正され、さらに2023年にも大きな改正が行われました。改正前と改正後で変わった内容を具体的にみていき、残された課題についても考えるきっかけとします。

　ワークでは、身近に起こりうる性犯罪のケースをいくつか取り上げています。意見を出し合い、性犯罪を他人ごとではなく、自分ごととしてとらえられるように授業を進めていきます。

理解のステップ

未成年の性的行為についての
知識を得る

改正された性犯罪の
法律について学ぶ

性犯罪の当事者になったとき、
どのような行動をとればよいか
考えられるようにする

◉ 法律による性犯罪の規定

　国連女性機関は、本人の同意がない性的行為は「からだの保全」「性的自律性」の侵害であり、性暴力であると認めています。それでは、日本では性暴力を法律でどのように規定しているのでしょうか。2017年に、性犯罪に関する刑法が110年ぶりに改正されました。2017年改正のポイントは以下のとおりです。

● 2017年改正のポイント

- 「強姦罪」が「強制性交等罪」となった。
- これまでは膣性交（男性器が女性器に挿入されること）だけが対象であったが、それに類似した行為も対象となり、被害者、加害者に性別の枠が設けられなくなった。
- 懲役の最低年数が3年から5年となり厳罰化された。
- 被害者本人だけでなく、検察も告発できるようになった。
- 親などが18歳未満の子どもにわいせつな行為をした場合、暴行や脅迫がなくても処罰できるようになった（監護者による罪）。

　2023年、同意のない性行為や未成年の未熟さにつけこんだ性犯罪を取り締まるため、さらに大きな改正が行われました。そのポイントは以下のとおりです。

● 2023年改正のポイント

- 「強制性交等罪」から「不同意性交等罪」に変わり、より同意の有無がさらに重要視されることになった（アルコールなどで意思を表明できない場合も不同意性交に含まれることになった）。
- 性器以外のからだの一部や「もの」の挿入も「性交」と扱われることになった。
- 性的な目的で大人が子どもと会おうとすること（性的グルーミング）も罰則の対象となった。
- 撮影罪が新設された
- 性交同意年齢（性行為への同意ができるとみなされる年齢）が13歳から16歳に引き上げられた。
- 被害者が羞恥心やショックから被害申告に時間がかかるケースが多いため被害を申告できる期間を5年延長した。

　改訂された刑法にも課題はあります。下の四角内は、改善しなければならない点の一つです。

> 　性犯罪は上下の人間関係にもとづいて行われることが多いため、2017年に「監護者による罪」が新設された。しかし、監護者が親などに限定されていて、「教師から生徒」「上司から部下」「先輩から後輩」といった関係性は、考慮されていない。

　また、2024年6月には「日本版DBS」導入のための法律が成立しました。DBSは「Disclosure and Barring Service」の頭文字で、日本語では「前歴開示・前歴者就業制限機構」を意味するものです。もともとイギリスで2012年に確立された、性犯罪歴のある人は子どもと関わる仕事に就けないようにするしくみです。日本版DBSは、学校や保育所等の設置者が就職希望者の性犯罪歴の有無を、こども家庭庁所管のシステムに問い合わせることを義務付けるというものです。

ワーク1 性暴力、性犯罪について考えよう

ケース1 痴漢

① 次のケースを読み、考えを書き出してみましょう。
② グループになって意見を交換してみましょう。

ケース1

登校するときの電車内で痴漢にあいました。驚いて声を出すこともできず、助けを求めることもできませんでした。学校に着いて、先生にすぐ報告したのですが、「そんな短いスカート履いているからでしょう」と怒られてしまいました。

被害にあったのに、これを先生に言われたら悲しいだろうな

でも、ネットとかでも、セクハラされるのは服装のせいだって女性が責められるパターンをよくみるよ

本当に服装が理由なのかな?

話し合いのポイント

・先生がいうように短いスカートを履いていたことがいけなかったのでしょうか。

・先生の対応は正しかったのでしょうか。

ワーク2 性暴力、性犯罪について考えよう

ケース2 盗撮

① 次のケースを読み、考えを書き出してみましょう。
② グループになって意見を交換してみましょう。

ケース2

校内の階段でスカートの中を盗撮されました。すぐに気づいたので、家に帰って親に相談し、親から学校と警察に連絡を入れてもらいました。相手はすぐにわかったのですが、写真が知り合いに広まってないか、インターネットにアップされたのではないかと考えると、学校に行くのがこわくなってしまいました。

確かに、相手がわかっても写真はどうなっているかわからないからこわいよね

盗撮が性犯罪だって知らずに気軽にやっている人が多いんじゃないかな?

もしも写真をアップされてしまった場合、写真を消すにはどうすればいいんだろう

話し合いのポイント

・どうして学校内で盗撮が起きてしまったのでしょうか。

・被害者が安心して学校に行けるようにするためにはどうすればいいでしょうか。

ワーク3 性暴力、性犯罪について考えよう
ケース3 セクスティング

① 次のケースを読み、考えを書き出してみましょう。
② グループになって意見を交換してみましょう。

ケース3

仲のよかった友だちとSNSでやりとりをしていて、相手に求められて、自分の裸の画像を送ってしまいました。その後、友だちとは気持ちの行き違いがあり、今は関係性が悪化しています。最近、その友だちと会ったら「裸の画像をクラスのグループLINEにアップするから」といわれました。画像がたくさんの人に広まってしまわないかとても不安です。

スマートフォンなどを使って性的なメッセージや画像を送ることを「セクスティング」といいます。セクスティングは、性的いじめや脅迫につながる危険性があり近年非常に問題になっています

どんなに親しい間柄でも、ふざけてても、裸の写真は送っちゃダメだよ

こういうのって友だちとの間もそうだけど、元カレとの間でトラブルになることも多いと聞くよ

話し合いのポイント

- このようなことにならないためにはどうすればよかったでしょうか？
- 画像をアップすると脅されたらどうすればよいでしょうか。

ワーク4 性暴力、性犯罪について考えよう
ケース4 レイプ

① 次のケースを読み、考えを書き出してみましょう。
② グループになって意見を交換してみましょう。

ケース4

付き合っている彼氏の家に行きました。わたしはセックスをしたくないと思っていたのですが、彼は「付き合っているんだから」という理由でセックスをはじめてしまいました。言葉で嫌だとは断れなかったのですが、同意はしていません。これはレイプになりますか？

レイプって付き合っていない人に無理やりセックスされたことだけじゃないの？

親しい間柄でもこれは性暴力だよ

付き合っている間柄でも、同意を必要だと学んだよね

同意がないってことは性暴力だとわたしも思う

話し合いのポイント

- はっきりと「No」といっていない彼女は、同意したことになるのでしょうか。
- 相手の行為はレイプといえるでしょうか。

SNS と性
実際のケースから気をつけるべきことを考えよう

SNS（ソーシャルネットワーキングシステム）の利用が身近なものになりました。それにともない、SNS を通じた性犯罪も増えています。SNS を使うとき、どのようなことに注意すべきなのでしょうか。

クイズ

SNS で被害にあう未成年が増えています。被害者が犯罪加害者と直接出会った理由で一番多いものはどれでしょう？

① 金品目的
② 交友目的
③ 暇つぶし
④ 性的関係目的
⑤ 優しかった、相談にのってくれた

■ 教員と保護者向け　伝え方のポイント

　若者たちはスマホをもち、インターネットを通じて、さまざまな情報にアクセスし、人とも簡単に交流ができるようになりました。SNS は便利で生活に楽しみをもたらしてくれるツールですが、危険性もあります。

　特に SNS を通じた性にまつわるトラブルや犯罪は、年々増加傾向にあり、未成年が巻き込まれるケースも増えています。ここでは SNS の利用にあたって、どのようなことに気をつけなければならないかを学んでいきます。SNS を通じてつくられる人間関係の特徴を考えてみる機会にしましょう。

理解のステップ

SNS での性犯罪の現状を理解する

SNS で知り合った人との人間関係とリアルな人間関係とを比較して考える

SNS を利用するときに気をつけることを理解する

SNS を通じた性犯罪の増加

SNS を通じた交流は、いまやわたしたちの生活で欠かせないものとなっています。しかし、SNS を通して未成年者がさまざまな被害にあっているのも事実です。下のグラフをみてみましょう。被害児童の9割近くが中学生と高校生で、その被害の9割以上が性に関係するものです。

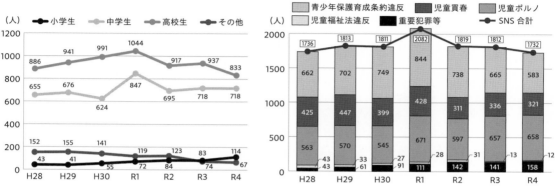

● 学識別の被害児童数のうつり変わり

● 罪種別の被害児童数のうつり変わり

注）青少年保護育成条例違反：18歳未満の少年、少女と性交または性交類似行為をすること。
児童買春：児童に対して、お金などの対価を支払って、またはその支払いの約束をして、その児童に対し、性交や性交類似行為をしたりすること。
児童ポルノ：児童のヌードまたはセミヌード、児童に対するわいせつ行為が記録された写真や動画を撮影すること。

出典：警察庁ホームページ「児童買春事犯」をもとに作成

SNS 上のグルーミングに注意

SNS での人間関係で気をつけるべきことの1つは、相手の実像がわからない関係だということでしょう。性的な行為を目的として、「悩みを聞くよ」などと、理解者のふりをして未成年者に近づき、手なづけることを「グルーミング」といいます。SNS 上で知り合った人であっても、会話を続けているうちに、自分のことをとても理解してくれる人だと信用してしまうことがあります。親しくなるうちに裸の画像を送るように要求され、その要求をのんでしまったために、のちに脅迫されるなどといった犯罪につながる事例が世界中で問題になっています。ネット上で知り合う大人は、グルーミングをしている可能性もあることを知っておかなければなりません。

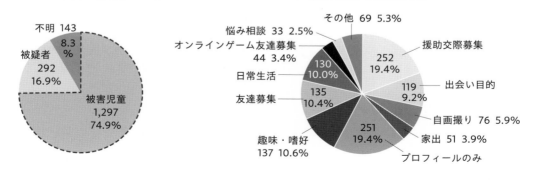

● SNS に最初に投稿した者

● 被害児童の投稿内容

出典：警察庁ホームページ「児童買春事犯」をもとに作成

6

SNSと性…実際のケースから気をつけるべきことを考えよう

SNS を通じた被害について考えてみよう①

① 次のケース1を読み、自分が思ったことをメモしておきましょう。
② グループになって意見を交換してみましょう。

ケース1

SNS を通じて同世代の女性という人と知り合いました。学校の友だちや家族には話したことがないことでも、何でも相談していました。リアルでも会って話したくなったので、会う約束をして、実際に待ち合わせの場所に行ってみると、年上の男性がいました。こわくなって帰ろうとしたのですが、「きみの個人情報を知っているよ。先生や親に知られたくないものもあるよね」と脅されてしまいました。

話し合いのポイント

- SNS で出会う人と直接出会う人との人間関係について、違う点と共通点を出し合いましょう。
- どうしてこうなってしまったのかを考えましょう。
- 脅されたこの人は、これからどんな行動をとればよいでしょうか。

 こわいね。どうしてこんなことになっちゃたんだろう?

知らない人だからこそ、話せたことがあるんじゃないかな

 自分の想像で相手がいい人だと信じてしまったんだね。でも、会ってもいない人のことを信頼するのはこわいよ

誰かに相談したほうがいいと思うけど、脅されたら余計に誰にもいえなくない?

 SNS で知り合う人がどんな人なのか、確かめる手段はありません。そんな段階で自分の個人情報を知らせるのは大きなリスクがあります。それを知ったうえで、直接会うなら大勢の人の目があって、交番も近くにあるような場所で、こちらは複数で会うなどのリスク対策をする必要があります。このケースのように脅された場合は、すぐに信頼できる大人に相談すべきです

ワーク 2　SNS を通じた被害について考えてみよう②

① 次のケース 2 を読み、自分が思ったことをメモしておきましょう。
② グループになって意見を交換してみましょう。

ケース 2

　SNS をよく利用しています。日常の1コマを写真でアップするのが日課です。学校や通学に使っている駅の写真から、利用している通学路が特定されてしまいました。知らない男性がウロウロしているのを見かけるようになって、こわい思いをしています。

話し合いのポイント

- SNS の投稿で気をつけなければいけないことはどんなことでしょうか？
- こわい思いをしたこの人は、これからどのような行動をとればよいでしょうか？

写真から個人情報が特定されてしまうことがあるって聞いたことがある

こわい。何でも SNS に写真をあげていいわけじゃないんだね

とにかく、すぐに投稿を削除するのがいいんじゃない？

写真はとても多くの個人情報を含んでいます。それを知ったうえで発信することが大切です。身辺をウロウロしている程度だと、警察もなんらかの対応をするのは難しいケースが多いです。でも、親など、身近な大人にはそれを知らせて、一緒に学校近くまで行くなどの対策を立てることが必要ですね

コラム

無断で掲載された個人情報は削除できる？

　SNS への投稿から個人情報が無断で流出させられ、多くの人の目にさらされてしまうトラブルが社会的な問題となっています。わたしたち自身が投稿時に気をつけなければならないのはもちろんですが、もし、無断掲載被害に巻き込まれてしまった場合はどのようにしたらよいでしょうか。まずはサイト運営者や検索サイトに問い合わせ、削除要求をします。削除用の連絡フォームが設けられている場合もあり、費用がかからず数日内で対応しくれる場合もありますが、要求が受け入れられる確実性が乏しいことも多くあります。弁護士など法律の専門家に代行を依頼することも解決方法の 1 つです（→相談窓口については巻末を参照しましょう）。

7 友だちに性のことで相談されたら?
相談することの大切さ

もしも、性被害を受けた友人から相談を受けたら、どうしたらよいでしょうか。また、性暴力の現場に居合わせてしまったら、どうしたらよいでしょうか。心の準備(予備知識)がないと、つい反射的に発した言葉や行動が被害者をさらに傷つけてしまう場合があります。

クイズ

次のうち、自分や友だちが性被害を受けたときに適切な行動はどれでしょう。

① みんなに好かれている部活の先輩からからだを触られて嫌な気持ちになったけど、まわりの雰囲気を壊したくないから黙っていようと思った。

② 痴漢によくあうという友だちがいるけど、「短いスカートを履いているからだよ」と注意した。

③ 仲のよい友だちから性被害について相談されたけど、どうしてよいかわからなかったので、専門家に匿名で相談した。

■ 教員と保護者向け　**伝え方のポイント**

性暴力について相談されたとき、気をつけなければならないことがあります。よくあるのが、相談された側が(心配するあまりですが)「どうしてそんなことになったの?」とか「あなたにも落ち度があったのでは」と問いつめてしまうことです。また、「大したことじゃないから忘れよう」と被害を軽く扱ったり、被害者が混乱して何度も違う説明をするのを聞いて「本当に被害を受けたのか」と疑ったりすることもよくあります。

こうした対応は被害にあった人をさらに追い詰めてしまう結果となります。また、信じてもらえないだろうと思って、誰にも被害を話せずに抱え込んでしまう人もいます。このような事実を理解し、実際にどのような行動を取ればよいか、考える機会にしていきましょう。

理解のステップ

> 相談することの大切さを理解する

↓

> 相談されたときに、被害者をさらに傷つけてしまう対応は何かを理解する

↓

> 相談されたときの対応として大切な点は何か、性暴力の現場に居合わせたとき第三者としてどのような対応ができるかを知る

誰に相談したらよいのか

　性に関することは非常にプライベートでデリケートなため、性暴力被害を受けてもまわりの人に話すことをためらい、誰にも相談できない状況に陥ってしまうことが少なくありません。自分が被害を口に出してしまうと、これまでの人間関係を壊してしまうのではないかと思って、誰にもいわずに我慢するという選択をとってしまうこともあります。

　また、自分にも落ち度があったから被害にあったのではと思って、自分を責め、一人で抱え込んでしまうこともあります。まずは、性暴力は加害者に全責任があり、被害者は助けを求める権利があることを知りましょう。

相談されたらどうしたらよいか

　それでは、自分が誰かから相談を受けたときはどうすればよいのでしょうか。まず、自分に相談してくれたことに「ありがとう」という感謝の気持ちを伝えましょう。そして、被害者はけっして悪くなく、加害者が100%悪いという原則を思い出して相手の話に耳を傾けましょう。

　次に挙げるのは、セカンドレイプに気をつけるということです。セカンドレイプとは、被害を矮小化（わいしょうか）したり、非難したりすることで、当事者ではない第三者が、さらに被害者の尊厳を傷つけることをいいます。相談されたら、自分の意見を押し付けず、被害者本人がどうしたいのかという意思を尊重する気持ちをもって接することが大切です。

> 「ほんとに逃げられなかったの？」
> 「それくらいは、よくあることじゃない？　もう忘れちゃいなよ」
> 「そんなことしたから、被害にあったんじゃないの」

このような発言が、さらに被害にあった人の気持ちを追い詰めてしまうことがあります

　相談された内容は、まわりの人に漏らさないことが大前提ですが、どのように対処をしてよいかわからず、困ってしまうことがあるかもしれません。相談されてもどうしたらよいかわからないとき、専門機関に匿名で相談することもできます。

居合わせたとき、第三者ができることは？

　誰かがいじめやセクシュアルハラスメント、暴力などトラブルに巻き込まれている状況に居合わせた場合、どうしたらよいでしょう。第三者として助けるためにできる行動は主に5つあるといわれています。自分ができる行動があるのか、覚えておきましょう。

① **直接介入する**	→	「やめなよ」と止めに入る
② **気をそらす**	→	話題を変えるために、別の話をはじめる
③ **誰かに託す**	→	警察、大人などに知らせる
④ **あとで対応する**	→	相談機関に一緒に行く、被害届などに協力する
⑤ **記録を残す**	→	動画や写真をとって、あとで証拠を示せるようにする

相談されたらどのように声をかける？

相談された人の「よくある反応」を下にいくつか挙げてみました。
① もし自分がこのようなことをいわれたら、どのように感じるでしょうか？　書き出してみましょう。
② これを踏まえて、どのような言葉を相手にかけるべきだと思いますか？　書き出してみましょう。

よくある反応

「たいしたことないよ」「よくあることだよ」
　　　　　　→ 被害を矮小化される

「もう忘れたほうがいいよ」
　　　　　　→ なかったことにされる

「相手も酔ってたからしかたないよ」
　　　　　　→ 加害者を擁護される

「あなたが魅力的だったからじゃない？」
　→ 被害ではなく肯定的なことのようににとらえられる

「はっきり断らなかったんじゃないの？」
　　　　　　→ 責められるようなことをいわれる

どんなことを感じた？

どんな言葉がけをする？

 勇気を出して相談したのに、なかったことにされるのはつらい

 しかたないっていわれるのもやりきれないね

 でも、悪気があっての発言ではなさそうじゃない？

 うん。無意識に発言した言葉が傷つけることになっているのかなと思った

このような、被害を矮小化するような言葉かけは、実は、親、友人、職場の人など、身近な人からされることが多いのです

ワーク2　どうして相談しづらいのか、考えてみよう

① 次のケースを読み、考えを書き出してみましょう。
② グループになって意見を交換してみましょう。

ケース　・被害者が男性の場合

ぼくは習い事の先生（女性）から性被害を受けました。誰かに相談したいのですが、信じてもらえるかわからず、誰にも話すことができないでいます。

話し合いのポイント

・男性だから被害にあわないだろうという思い込みはないでしょうか？
・被害者と加害者に不均衡な力関係はないでしょうか？

まず、被害者が男性という点だね。被害にあうのは女性というイメージがあるから、なかなか信じてもらえないのかも

たとえ相談しても、男だったら抵抗できたでしょ？　といわれるだろうね

男性は傷つかないのでしょうか？　抵抗できなかった理由は何でしょう？

やっぱり立場の不平等かな。相手が先生だったら断れないよ。男も女も同じだよ

ワーク3　性被害の相談先にアクセスしてみよう

次のサイトは、性被害に関する窓口です。

① インターネットを利用してアクセスしてみましょう。
② 相談方法がどのようになっているのか調べてみましょう。

ヒント：相談窓口は巻末も参照しましょう。

どんな相談機関があるのか、知っておくのは大切です

● 性暴力について相談したい

チャット相談キュアタイム
（内閣府）
https://curetime.jp

● 交際相手からの暴力について相談したい

DV 相談＋
（内閣府）
https://soudanplus.jp

● 生きるのがつらいくらいの悩みがある

まもろうよ こころ
（厚生労働省）
https://www.mhlw.go.jp/
mamorouyokokoro/

困ったときの相談窓口

悩みを人に相談するのは恥ずかしいし、相談したことで責められることがこわくてできないと思っている人もいるかもしれません。でも、みなさんには困ったときには相談できる権利があります。もし身近な人に相談しづらい悩みがあるときには、専門家に相談をしてみましょう。ここでは、悩み別に相談窓口を紹介します。

※各データは2024年6月時点のものです。変更や削除される場合もあります。

性の悩み・からだの悩みがあるとき

● 思春期・FP相談LINE（ライン）
（一般社団法人日本家族計画協会）

思春期の体についての心配ごとを、専門の相談員に相談できる。

TEL：03-3235-2638

（平日10:00 – 16:00受付）

● よりそいホットライン「セクシュアルマイノリティ専門ライン」
（一般社団法人社会的包摂サポートセンター）

性別の違和や同性愛、アウティングなどに関する悩みについて相談できる。

TEL：0120-279-338

（岩手県・宮城県・福島県は0120-279-226）

（24時間受付、通話料無料）

● SHIP・ほっとライン
（特定非営利活動法人SHIP）

セクシュアリティや性病の悩みなどについて、専門の相談員に電話で相談できる。

TEL：045-548-3980

（毎週木曜日19:00-21:00）

からだのことを専門家に相談できるのは安心だね

誰かに話を聞いてほしいとき

● チャイルドライン
（特定非営利活動法人チャイルドライン支援センター）

18歳までの未成年であればとくに具体的な悩みがなくても電話やチャットで意見・相談ができる。

TEL：0120-99-7777

（毎日16:00-21:00、通話料無料、12月29日～1月3日は休み）

ネットでんわ

App Store

Google Play

（毎週月曜日16:00-21:00、通信料が発生する）

● あなたのいばしょチャット相談
（特定非営利活動法人あなたのいばしょ）

24時間365日、性別や年齢を問わず、チャットで誰でも無料、匿名で相談できる。

https://talkme.jp

生きているのがつらいと感じるとき

● 生きづらびっと
（NPO法人自殺対策支援センターライフリンク）

消えたい、生きていくのがしんどいときなど、SNSで相談できる。

https://yorisoi-chat.jp

（毎日8:00-22:30、22:00まで受付）

● よりそいホットライン「自殺防止専門ライン」
（一般社団法人社会的包摂サポートセンター）

生きていくのがつらいほどの悩みについて、匿名で相談できる。

TEL：0120-279-338
（岩手県・宮城県・福島県は 0120-279-226）

（24時間受付、通話料無料）

● BOND プロジェクト
（特定非営利活動法人 BOND プロジェクト）

10代、20代の生きづらさを抱える女性専用の女性による支援。

TEL：080-9501-5220
（火曜日13:00〜17:00
　木・土曜日13:00〜17:00）
LINE での相談：ID@bondproject
（月・水・木・金・土曜日
　10:00〜22:00〔相談受付21:30まで〕）

名前をいうのは不安だから匿名で相談できるのはいいな

性暴力・性犯罪にあったとき

● 性犯罪被害相談
（警察庁）

性犯罪・性暴力被害などの相談に応じる警察の窓口。発信された地域を管轄する各都道府県警察の性犯罪被害相談電話窓口につながる。

ハートさん
#8103
（24時間受付、通話料無料）

● ワンストップ支援センター
（内閣府）

緊急避妊薬の処方や性感染症検査、証拠採取などの医療的支援やカウンセリングなどの心理的支援、警察への同行支援、弁護士などによる法的支援を行う。

はやくワンストップ
#8891
（24時間受付、通話料無料、一部のIP電話等からはつながらない）

警察に相談したいとき

● 緊急通報ダイヤル

事件や事故など、今すぐ警察に駆けつけてほしいとき。

#110
（24時間受付、通話料無料）

● 警察相談専用電話

ストーカー・DV・SNSでのトラブルなどを相談したい場合。発信された地域を管轄する各都道府県察本部などの相談窓口につながる。

#9110
（平日8:30〜17:15、通話料は利用者負担）

性暴力や DV（親しい相手からの性暴力）のことで相談したいとき

● チャット相談 Curetime（キュアタイム）
（内閣府）

性暴力の悩みについて、性別・年齢・セクシュアリティ問わず匿名で相談できる。

https://curetime.jp

（毎日17:00〜21:00）

（日本語以外の相談、毎日17:00〜21:00）

● DV 相談＋
（内閣府）

恋人など親しい間柄の人から受けている暴力について相談できる。

TEL：0120-279-889

（24時間受付、通話料無料）

チャット

（12:00〜22:00受付）

インターネット上に書き込まれた誹謗中傷や個人情報などを削除したいとき

● 誹謗中傷ホットライン
（一般社団法人セーファーインターネット協会）

誹謗中傷やリベンジポルノなどの違法な書き込みを代わりに削除申請してくれる。

https://www.saferinternet.or.jp/bullying/

● 違法・有害情報相談センター
（総務省）

インターネットの書き込みの削除方法や、誹謗中傷を書き込んだ相手の特定のしかたなどを専門家がアドバイスしてくれる。

https://ihaho.jp

（web フォームのみ受付）

● インターネット・ホットラインセンター
（警察庁）

インターネット上の違法情報を匿名で通報できる。ホットラインセンターに情報提供・通報をすると、センターが警察、プロバイダおよびサイト管理者等、またフィルタリング事業者等にその情報を提供したり、対応依頼をしたりしてくれる。

https://www.internethotline.jp

削除依頼を代わりにしてくれるなんて心強いな

悩みを法律の専門家に相談したいとき

● 子どもの人権110番
（法務省）

いじめ、ネットトラブル、身近な大人（親や先生、コーチなど）からの暴力、性暴力について相談できる。

TEL：0120-007-110
（月～金曜日8：30～17：15受付、通話料無料、一部のIP電話等からはつながらない）

LINE 相談

（月～金曜日の8：30～17：15受付）

● 弁護士子ども SNS 相談
（第二東京弁護士会）

友だちのこと、家族のこと、お金の悩みなどを無料で相談できる。

LINE 相談

（日、火、木曜日19：00～21：00）

妊娠したかもしれない、妊娠させたかもしれないとき

● 全国のにんしん SOS 相談窓口
（一般社団法人全国妊娠 SOS ネットワーク）

住んでいる地域のにんしん SOS の窓口を見つけることができる。

https://zenninnet-sos.org/contact-list

● にんしん SOS 東京
（認定 NPO 法人ピッコラーレ）

妊娠にまつわるすべての悩み、中絶後の悩みについて、電話やメール、チャットで相談できる。

TEL：03-4285-9870
（毎日16：00～24：00、23：00まで受付）

メール

（24時間受付）

チャット

（月、水曜日20：00～22：00、
土曜日13：00～15：00
または20：00～22：00）

参考文献

狛 潤一ほか著『改訂新版 ヒューマン・セクソロジー』子どもの未来社、2020年

田代美江子監修『自分を生きるための〈性〉のこと：性と人間関係編』少年写真新聞社、2023年

樋上典子ほか著、高橋幸子医療監修『実践 包括的性教育：『国際セクシュアリティ教育ガイダンス』を活かす』エイデル研究所、2022年

水野哲夫『性の学びが未来を拓く 大東学園高校 総合「性と生」の26年』エイデル研究所、2023年

水野哲夫『授業で使える「生命（いのち）の安全教育」事例集 中学・高校編：人権とからだの権利・自己決定と同意・性の多様性を学ぶきっかけに』子どもの未来社、2023年

ユネスコ編、浅井春夫ほか訳『国際セクシュアリティ教育ガイダンス【改訂版】：科学的根拠に基づいたアプローチ』明石書店、2020年

高橋幸子（たかはし・さちこ）［監修］

埼玉医科大学医学教育センター助教。産婦人科医。全国の小学校・中学校・高校で年間120回以上もの性教育の講演を行っている。おもな著書に『サッコ先生と！ からだこころ研究所』（リトルモア）、『自分を生きるための〈性〉のこと：SRHR編』（少年写真新聞社）、『12歳までに知っておきたい 男の子のための おうちでできる性教育』（日本文芸社）などがある。

丸井淑美（まるい・よしみ）［監修］

日本赤十字秋田看護大学看護学部看護学科教授。専門は、性教育・性の多様性・学校保健学。おもな著書に『教科書にみる世界の性教育』（共著、かもがわ出版）、『自分を生きるための〈性〉のこと：性と人間関係編』（少年写真新聞社）などがある。

水野哲夫（みずの・てつお）［編著］

一般社団法人"人間と性"教育研究協議会代表幹事。私立大東学園高校で長年にわたり包括的性教育の実践に携わる。おもな著書に『性の学びが未来を拓く：大東学園高校 総合「性と生」の26年』（エイデル研究所）、『人間と性の絵本3 思春期ってどんなとき？』（大月書店）などがある。

●同時刊行
『中高生のための新しい性教育ワークブック』
からだの発達と生殖編

中高生のための
新しい性教育ワークブック

性の多様性と人間関係編

2024年7月30日　初版第1刷発行

監　修　高橋幸子・丸井淑美
編　著　水野哲夫
発行者　鈴木宣昭
発行所　学事出版株式会社
　　　　〒101-0051　東京都千代田区神田神保町1-2-5
　　　　電話　03-3518-9655
　　　　HPアドレス　https://www.gakuji.co.jp

企画／三上直樹
編集協力／狩生有希（株式会社桂樹社グループ）
執筆協力／三島章子
キャラクターデザイン・表紙・本文イラスト／小川かりん
デザイン・装丁／中田聡美
印刷・製本／瞬報社写真印刷株式会社